河村大雄

子どもと共に生きる

子どもに寄り添う実践

一莖書房

序に代えて

野村　新

この子らと共に生きる

河村大雄先生と出会った頃のことである。河村先生は、担任する子どもたちが、大分国体に鼓笛隊として出場するための練習を屋上から見ていた。普段あまり活動的でない音楽の苦手な数人の子どもたちも、笛を吹きながら行進しているのを感心しながら見ていた。しかし、よく気をつけて見ると、指の動かし方が全く同じで変わらない。「どうしたことか」と青ざめてしまったというのである。

練習後に、その子どもたちに問い質してみると、音楽専科の先生が「君たちはよく間違えるので、笛は吹かずに、吹いている真似をして指だけを動かしていなさいと言われた」というのである。河村先生は、それに大変ショックを受けた。

しかし、河村先生のすばらしさは、普通なら「嘘をつかせる指導をした」音楽専科の教員を厳しく咎めるところであるが、河村先生は、自分が音楽指導をせずに音楽専科の教員に任せてしまった自分にこそ問題がある。子どもたちに自らを偽らせて、取り返しのつかないことをしてしまった。自分こそ、その責を負うべきであるとして、鼓笛隊での吹奏の指導はもちろん、それ以後の音楽指導は自分が担当したのである。大学時代にバイエル七十番までしか弾くことができなかった先生にとって、ピアノとの格闘の始まりであった。

特に、音楽教育を重視する斎藤喜博教授学に出会って、歌唱指導にますます厳しさが増し、さらに、身体表現活動にも河村先生は取り組んだ。しかも、斎藤教授学では、選ばれた子どもだけの合唱隊を指導することをしない。学級、学校すべての子どもに自分の歌を歌わせ、総合的な身体表現活動を創造させる。私がいて、あなたがおり、あなたを生かして私が生きる、支え合い、生かし合う音楽教育であり身体表現活動である。河村先生は、そこで生きる子どもに教えられて、自らも生きる喜びを感じる音楽教育を追求したのであった。

そうしたことから、何時しか、自らも歌唱活動に惹かれるようになり、大分の「第九を歌う会」の会員となり、毎年、年の暮れには大分市の大ホールでドイツ語でベートーベンと「歓喜」を共にして、音楽教育の質を高め、人間としての自己の生き方を変革していったのである。これまで、二度ウイーンにおいて、合唱団員として「第九」を発表した。

河村大雄先生の実践に支えられて

私は教授学研究者として、国・公・私立の幼稚園や小・中学校、養護学校で、保育や授業をしてきた。斎藤喜博先生とも長崎県や兵庫県などの学校の指導に同行した。大分県内では私立愛隣幼稚園で実践をして、その結果として『子どもが生きられる世界』〈一莖書房・日本図書館協会選定図書〉を出版した。公立小学校では、特に河村学級で数多く授業をしてきた。拙著『いのちに出会う授業の創造』〈一莖書房・日本図書館協会選定図書・全国図書館協議会選定図書〉では、「第六章授業をつくる」の「第二節『靴下』の授業」で、河村先生は、私の授業について十数か所コメントをした。斎藤喜博は「授業は子どもがみえることがすべて」と述べているが、河村先生のそのコメントは、まさに子どもがみえる教師としての証左である。

授業研究で河村学級を訪問している時、何時も休み時間や昼の給食前の時間には数名の子どもが、河村先生を取り囲んで話し合っていた。河村先生は授業後の空き時間も殆ど職員室には行かずに、教室にいて子どもと関わっていた。一人ひとりの子どもに課題を与えて、休み時間も個別に補充指導をしているのであった。

二月のある日、子どもの補充指導をした後、河村先生が私の所にやって来て「やっとこれで、学級の全ての子どもを中学校に送り出すことが出来ます」と、肩の荷を降ろして言うのであった。全教科について学級全員の子どもに小学生としての資質・能力を修得させ学力を身に付けさせたと言うのである。

翻って、私は文部科学省の中央教育審議会の臨時委員をしてきた。中央教育審議会では、義務教育特別部会を設置するに当たり、中央教育審議会初等中等教育分科会で、義務教育の目的・目標について議論をした。私はそこで、「義務教育は、高度で、複雑な現代社会および、子どもが生きる未来社会において、八十年の生涯を人間として生きていける資質・能力を育成することが目的ではないか。動物的に生きるのではなく、人間として生きる、すなわち学習的存在としての人間、生きる意味を問い、自己追求・自己確立の追求・自己実現を追求する存在としての人間、関係的存在としての人間を生きる資質・能力の育成が義務教育の目的であるべきだ。現在、九七パーセントの者が高校進学をして、三パーセントの者は、義務教育を終えて社会に出て行く。その子どもたちは、そのような資質・能力を身に付けないまま現代社会に放り出されているのが現状である。われわれ教育関係者は無責任というほかない。

教師たちの多くは、「決められた学習指導要領の内容は教えました」と、履修を主張するだけで、教育内容を修得させて資質・能力を体得させせようとはしない。履修主義から修得主義に転換させるべきではないか。これは理想論ではない。私は修得主義を実践している教師を知っていると、河村先生の実践を想起しながら主張したのであった。各学年で修得主義を追求すると共に小学校卒業時、中学校卒業時においても修得主義を追求して学力を保証すべきである。それが義務教育の目的であると審議会で論述した。

審議の結果、平成十七年二月に義務教育特別部会が設置された。特別部会では、八回の「有識者からの意見聴取」〈述べ人数十九名〉があり、私は第二回の平成十七年三月二十日に招致されて、「あるべき教師像・教員の資質向上について」意見陳述をした。そうして度重なる審議の末、中央教育審議会答申「新しい義務教育を創造する」〈平成十七年十月〉が出された。内容として「序章　義務教育の質の保証・向上のための国家戦略」、「第一章　教育の目標を明確にし結果を検証し質を保証する——義務教育の使命の明確化および教育内容の改善――」に見られるように、学力保障を国家戦略とする答申がなされたのであった。そうして幼児期教育の目的、高等学校教育の目的も問い直すべきではないかとの意見が出された。

このように河村大雄先生の教育実践に教えられて、私は中央教育審議会での審議に意見陳述をしたり、また大分大学長として大学改革を進めたのである。

授業記録で自分を裸にして、子どもの可能性に生きる

私は河村先生たちとの授業研究会で、授業の構成・演出、教師の言語表現を問題としてきた。教師にとって「言葉」がいのちであり、教師の言語活動について問題としてきた。発声や音量、音質、強・弱、抑揚、リズム・テンポ、間の取り方等を問題としてきた。それに対応して、多忙ながら河村先生は、授業記録を綿密にとって、印刷して授業研究会で提案するのであった。授業記録を取って公表することは「自分を裸にする」ことである。汗をかき、恥をかいて自らを晒すことである。発問や説明、指名、板書一つひとつに、子どもとの関わり方のまずさや、子どもがみえていない自分が現れるのである。河村先生はうまくいった授業についての記録ばかりか、発問のまずさや、子どもの言・動の取り上げ方、他の意見との組織化に苦闘したうまくいかなかった授業記録をも、公表するのであった。録音した授業記録を再生して、答えようのない発問の拙さに汗を流しながら、苦闘する自分を敢えて河村先生は公表してきたのであった。Ⅲ部の「実践記録集」の「やまな

し」の授業では、授業の不十分性を認めながら、公開したのである。それはまさに自分との格闘であった。

土屋文明の弟子でアララギ派の歌人である斎藤喜博先生が、自らを「一羽遅れてゆく鷺」になぞらえて「苦しげに　一羽遅れて　行く鷺よ　見つつ夕べを　切なくて　いる」と詠んでいる。作曲者は武田常夫さんである。私は大分教授学研究の会で、よくその歌を口ずさんできた。また斎藤先生の「明ときを　目覚めて　何に涙ぐむ　少年の如く　淋しく」の歌も度々紹介してきた。

河村先生は、このことを十分知りながら、自己内対話を繰り返し、「一羽遅れてゆく鷺」として恥をかき汗をかいて自らと格闘して、斎藤喜博先生に学びながら子どもの可能性に教師人生を賭け、子どもと共に愚直に生きた人であり、教師であった。教師を退職した後も後輩のために、拙宅で開催される「大分教授学研究の会」の月例会に参加してきた。

この書は、河村大雄先生の「子どもと共に生きた」格闘の書である。

最後に、河村先生の教師人生を可能にしたのは、陰で支えてくれた奥様のトシ様のご努力があったからである。それは「今終わる一つのこと　今越える一つの山」の、教師人生を終えて、荒れた山野を切り拓き、自然の豊かさに感動するご夫妻の愛の姿が象徴している。畏敬と感動を持ってこの拙文をおくる。

〈元大分大学長・現九州栄養福祉大学特任教授、文部科学省視学委員〉

まえがき

私の人生は出会いの連続であった。人生の曲がり角には必ず私を導き、指標となる人がおり、状況があった。

私には、人生に二つの節目がある。一つは寺をやめたこと。長い間続いてきた家業を捨てるということには、後ろめたさも大いにあったが、本質からはずれたことを仕事として続けていくことに抵抗を感じて、やめることにした。しかし、やめても、これでよかったのかという気持ちは残っていた。それをはっきりと断ち切らせてくれたのは、白鳥春彦著『仏教「超」入門』であった。これを読んで、仏教の本質はどんなものかがよく分かったし、自分の本業としては、寺を継いでいくことは、なすべきことではなかったという確信みたようなものが持てた。

教師になってから同僚や校長、子どもとの出会い、状況との出会いによって、自己変革をしていった。ある校長からは、大規模校にも拘わらず、三十代にして研究主任を仰せ付かり、文部省の中央研修や海外研修に参加する機会を与えられた。そうして何よりもの出会いは、斎藤喜博との出会いであった。二つ目の節目である。教育者になろうなどという志も持てないまま、なりゆきでなった教師の仕事であったが、斎藤喜博という偉大な教育者に出会って、教育することの本質を知り、これに邁進することになる。

斎藤喜博は、今に通じる深い内容を持った教育を昭和の初めの、今から六十年も前から提唱し続け、実践してきた人である。斎藤喜博という人を知ったということは、私の生き方をも大きく変えることになった。

初めは斎藤の著書との出会いであった。そうして斎藤喜博と親交が深く、斎藤教授学を実践化する野村新氏が講師の大分大学現職教育講座で、理論的にも実践的にも深く学んだ。そうして更に斎藤喜博の主宰する「教授学研究の会」に参加することで斎藤喜博という人間に出会って、「教師は授業で勝負する」教育実践を突きつけられ、教育者としての変革を迫られた。斎藤が指導した全国各地の学校の公開研究会や教授学研究の会の全国大会にも多く参加したが、涙を流しながら授業を見たり、教授学研究の会の全国大会では夜遅くまで飽きることなく、教育実践の議論に熱中する研究会などは、教授学研究の会以外では、経験することはなかった。これによって精神力の育成だけでなく、人間力、倫理観をも変革する教育を提唱し実践してきた斎藤によって、自己との格闘を喜びとするようになった。

そうしたこともあってか、私の変革を決定的にしたのは子どもとの出会いであり、保護者・地域住民との出会いであった。斎藤喜博の「授業は子どもがみえることがすべて」の授業論によって、子どもの言動とその基底にあるものを見抜き授業を組織する、子どもから学ぶことのできる教師に変革されていったのである。そのことが保護者や地域住民との関係を創り出し、学校づくりを可能にした。

Ⅰ部では、生い立ちや少年期、高校生活や大学生活について述べた。

Ⅱ部では、書物による斎藤喜博との出会いによって斎藤の教育実践に衝撃を受け、自分の教育実践を自省する。そうして教授学研究の会に参加して、斎藤喜博教授学に学んで実践化を試み、斎藤喜博教授学に立つ「私の学校づくり」の実践について論述した。

Ⅲ部では、斎藤喜博が主宰する「教授学研究の会」が編集する全国教育誌の『事実と創造』に掲載された教育実践等を挙げた。これらの実践研究を発表するまでには子ども観や教育観、授業観など、絶えざる自己との格闘が要求された。実践発表するには実践のために多くの課題が与えられ、発表することで更に実践化のための深い課題が迫ってくるなど、私にとっては自己変革・再創造の連続であった。

本書では、私の教師人生の一端のありのままを紹介した。ご一読頂ければ幸甚である。

本書の刊行に対しては、一莖書房・斎藤草子さんには格別のご配慮を賜ったご高配に厚く感謝を致したい。

最後に、ご多忙な中を、身にあまる「序に代えて」を寄せてくださった大分大学名誉教授　野村新先生に深く感謝申し上げる次第である。

二〇一三年一月

河村　大雄

目次

Ⅰ部　生い立ち

第一章　寺に生まれて

一　幼少期の私

私は、寺に生まれ寺の行事の中で育った。父親が法事からいただいて帰る料理は、私の口には合わなかった。味は薄く、半煮えの物が多かった。それは煮くずれさせないための料理法であった。

小学校一年生からお経を教え込まれた。教机の前に、父親と向き合わせに座らされ、父親のまねをしてお経を覚えていった。正信念仏偈というお経である。「きみょうむりょうじゅにょうらい」という出だしの、信者の間でも広く唱えられているお経である。一通り唱えることができるようになるのは、子どもでも簡単であった。

盆、正月になると、父親に連れられて檀家回りである。父親の唱えるお経につけて、まねするように唱えるのである。帰り際に、各家庭では、お布施をくれる。金額はわずかであったが、十戸回れば、子どもの小遣いとしては多かったと思っている。金額ははっきりとは記憶にないが、これにつられて回ったのは事実である。しかし、その興味は長くは続かなかった。

父は、役場の吏員もしていた。お寺だけでは生活していけなかった。

寺の方は、盆、正月となると檀家の人たちは待ち構えたように、「四十九日忌」とか、「一周忌」だとか、「三年忌」など亡くなった人の仏事を開催するのである。檀家回りに加えて過去一年以内に亡くなった人の初盆会もある。それらを、お盆の間にこなさなければならないので、檀家は多くはないものの、結構忙しかった。したがって、檀家回りの役が私に回ってくるのである。

盆、正月と言えば、一般の家庭では、一年のうちで唯一の休業日である。農家ばかりの村であるが、盆、正月に田んぼに出たりすることは批判の的になり、すぐに評判となる。子どもも、手伝い仕事から解放されて自由に遊ばれる、年間唯一の楽しいときである。ところが私は、そのときが一番忙しい。楽しいはずがないのである。嫌がる私に、母は、嫌なことほど早く済ませてしまった方が楽になれると言い聞かせてくれた。しぶしぶ衣に着替えて出て行ったことを憶えている。

小学校も高学年になると、檀家回りのことだけでなく、寺の仕事にも疑問を持つようになった。

お寺の子というので、特に檀家の人から大事にされたことを憶えている。お参りに行くと、子どもである私に対しても、お茶を出してくれる。私は早く終わって遊びたいばかりであるが、家の人は、私が行ってから湯を沸かし始め、お経も済んで待っていると、ようやく沸いたお茶を持って、挨拶に出て来る。

その頃の農家は、新聞など読む家はめったになくて、かまどの焚きつけは紙切れではなく、杉の葉であった。私が家に入ると、台所のかまどに杉の葉を入れて火をつける。その煙と杉の葉のにおいが家中に満ちてくる。私みたいな子どもでも、坊さんとして扱ってくれるのである。

私の方は早く回りたい気持ちのほうが強くて、お経が終わったら、お茶の沸くのを待たずに、家の人への挨拶もすっぽかして、お暇をするというようなことをするようになった。これが檀家間で評判になり、もうお茶を沸かしたりしなくなった。それでも律儀な人は、やはりお茶を出してくれたりしていた。そして、「お父さんは、ゆっくりしてくれて、お話を聞いてくれてありがたかった」などと言われたりした。

檀家回りが早く終わったので、魚釣りに行こうと用意をしていると、祖母から厳しく叱られた。「お寺の子が、こともあろうに、お盆に殺生をするとはもってのほか」ということであった。これには私ももっともなことだと思った。

農家では、子どもも一人前の労力として、牛飼いのほか、稲刈り、田おこし、牛の飼料となる草刈、畑の草むしり、田の草とり、などに手伝わされていた。

私は、祖母に、あまり遊びに出回るなとたびたび注意されていた。それは、お寺の子は、遊んでばかりいて、家の手伝いなども何もしないなどと、陰口を言われかねない、ということであった。

私は、遊びに行っては、その家の子の手伝い仕事を手伝ったりしていた。そうすることで農家仕事の多くを身につけていった。牛の飼料の藁切りなどをはじめ、牛を使っての田おこし、鎌を使っての草刈、稲刈、麦植えなど。特に牛の扱い方など、父親より、要領よくできるようになった。

小学校も高学年になると、お寺についていろいろと疑問が湧いてきた。なぜ、各家庭を回ってお経を読まなくてはならないのか。お経を読んでいるとき、家の人はお経を聞かないで、なぜお茶沸かしを優先するのか。お茶なんかどうでもよいことではないか。

意味のよく分からないお経などなぜ読むのか。私の家より、ずっと貧乏な家の人から、お布施をもらうのはおかしい。死んだ人の家族は、悲しみ苦しんでいるであろうのに、その家からお布施をもらって、それで生活するお寺の商売はおかしいのではないか、などである。

実に家庭によっては、畳がぼろぼろであったり、全く畳はなくて、ござみたいなものを敷いてあったり、仏間だけ畳が敷いてあるなど。トイレが家の外にあって、流れ出している家があったりしていた。そんな家にかぎって、誰も家に居なくても仏壇にお布施が置かれてあったりした。それをいただいて帰る気にもなれず、かえって他からいただいたお布施を仏壇に供えて帰ることもあった。

ますます、寺とは何をするところか分からなくなっていった。

中学生、高校生にもなると、難しい漢字も理解できるようになり、親鸞の伝記を読んだりすることによって、お経に書いてある文字の意味なども、ところどころ理解できるようになったりした。

「帰命无量壽如来　南无不可思議光」　これは、正信念仏偈の出だしの部分である。一番最初に教わるお経であるが、小学生の頃は、「帰命无量　壽如来。南无不可　思議光」と、息継ぎのしやすいところで切って読むのである。意味など知ったことではない。読みやすいように読んでいく。ちんぷんかんぷんであるが、言葉の調子はよい。歌うように読めばよい。

お経を読むことによって、教科書や小説などにも、絶対出てこない漢字がぞろぞろ出てくる。読むのは、かなを読むのであるが、かなのすぐ横にある漢字も、当然目に入る。いつの間にかそれを憶えていく。そういう良さもあるにはあるが、意味となると全然分からない。意味が分かっていれば、帰命　無量壽如来と読む。これができるようになったのは高校生時代くらいからである。意味が分かれば分かったで、新たな疑問が湧いてくる。

終戦は、小学五年生で迎えた。天皇陛下のお言葉は、自宅の家の前で聞いた。その頃は学校を分散して分教場のようなものを、村中につくっていた。空襲などに備えていたのであろう。私の家は寺なので、分教場として利用されたのである。終戦間際に、同級生の田北喜八のお父さんの戦死が報じられ、全校集会を開いてお祈りをした。

二　進学先の選択

この頃はまだ新制中学はなく、小学校六年生から受験をして旧制中学へ進学した。その他の者は、高等科へ進学するか、学業をやめて自宅の仕事を手伝うか、奉公に出て稼ぐかしていた。同級生の何人かは、竹田中学校と竹田高等女学校へ進学した。

その中には、沖縄から疎開して来た人が含まれていた。一九四四年八月二二日、学童疎開船・「対馬丸」がアメリカ軍の民間船に対する無警告攻撃で撃沈され一五〇名の犠牲者が出ていた。沖縄戦が始まり、沖縄の子どもたちは、国に疎開を強要されていたのである。大分県下でも鶴崎などに多くの児童が疎開して来ていた。

私の寺にも、十人位の沖縄の人が疎開して来ていた。その人たちは、学力優秀な人が多かった。玉城君など、私の家に祖父が購入していた『大菩薩峠』などを読んで楽しんでいた。したがって、進学したのもこの人たちが中心であった。ただ、女子は、佐藤信子と池田恒子の二人だけが進学した。進学についても、進学できない理由は学力の問題だけではなく、僻地特有の因習としてあった、「長男は一旦村外に出すと家に帰ってこなくなる恐れがある」というので、成績優秀者でも、進学させてもらえなかった。農業の後継者として温存していた。

その中に、田北良一さんがいた。担任の教師たちも惜しんで勧めたようであったが進学できなかった。すぐ下の弟も優秀で、この人は竹田高校へ進学、名古屋大学へ進んだ。女子も進学はあまり喜ばれない時代で、小学校を卒業したら、高等科へも行かず、家庭に入って家事手伝いをすることを喜ばれた。新聞も読む家庭が少なかった程、貧しい生活をしていたのであるから、無理からぬところもあった。進学できたのは、一人は村の資産家でもあった郵便局長さんの娘で、あと一人は、村に唯一の商店の娘であった。

私は、大伯父に川村喜代蔵というのがいて、戦中に、大分県視学を務めたりしていた人であるが、その人が戦後、庄内農芸学校という私学を開くというので、そこに強く勧誘され、父も義理もあってか、尊敬していた伯父であるので、ここに預ければ安心と思ったのか、進学させられた。

そこには、一年間くらいしかいなくて、すぐに村に開設された新制中学校に戻った。

私の家は、父、母、祖母と子どもが六人という大家族であった。父は役場の吏員をしていたことから公職追放で、役場の仕事も失っていて、貧乏のどん底を味わっていた。何とか食いつなぐことができたのは、寺をやっていたのと、三十アールの水田があったからである。妹たちの学費も滞ることも度々であった。その頃、母も結核で倒れていた。

そんなときに、私は高校進学を迎えるのである。この危機的状況を何とか乗り越えられたのは、寺をしていたからかもしれない。門徒の人に何かと支えてもらったことが大きかった。

基本的には、人の死を商売にしていることには変わりがなかった。今も変わらぬ、寺のあり方に問題があるのであるが、その本質的なことが分かるまでには、長い年月が必要であった。封建的な政治の制度の中から生まれてきた寺の制度が、今に残っているところに、問題の根深さがある。葬式仏教からの脱却は、容易なことではないようである。

私の育った大分県直入郡下竹田村は、山に囲まれた貧しい農村で、いわゆる山村僻地であった。そこから行ける高校は、一番近いところで竹田市の竹田高校であった。竹田高校は、竹田市近郊で唯一の進学校で、その頃では東大合格者などもたまには出していた。

しかし、私は家が貧乏であったので、下宿しなければ通えない竹田高校へは行かせてもらえなかった。

その頃父は、役場をやめさせられていた。太平洋戦争の協力者として、公職追放令により、公職から追放されていたのである。なまじ若くして、戦時中に、村長などをしていたのがたたったようである。

全く現金収入がなくなり、蓄えは瞬く間に使い果たし、寺のほうは敗戦直後であったために、檀家の人たちも、男性は皆戦争にとられていて、復員もまだ始まったばかりで働き手はおらず、村は疲弊していた。お布施も、米、豆のような農産物ばかりで現金はほとんどなかった。

そんな状況の中での高校選択は、金のかからないところ、寮のある高校である。寮のある県立高校と言えば、大分工業高校とか、三重農業高校、日田林工高校など職業系高校であった。

父としては、家は寺であるし、自分が農業について知識がなく戦後の食糧難をしのぐのに苦労しているので、子どもは農業を学ばせておけば、将来寺を継いでも合わせて農業もやれるなど計算したのであろう、進学先は県立三重農業高校となった。

第二章　高校・大学時代

一　充実した寮生活

　県立三重農業高校は、女子高であった三重高等女学校が男女共学となり、三重高校普通科と改名され、それと三重農業高校が合併して、三重高校普通科と農業科となっていたのである。私の入学したのは大分県立三重高校農業科であった。

　入試は県下一斉で、どの高校を受験しても入試問題は同じ内容であった。私にはそう難しい問題ではなかった。現に入学してすぐに、級長を命じられたのでトップクラスで入学できたのであろう。級長としては、僻地育ちの私には何をどうやればいいのか分からず無能な状態であった。周りを見渡してみると、アルファベットも、読んだり書いたりできない人がいたりしてびっくりした。聞いてみると、中学のときに英語は選択制で、とらなくてもよかったという始末であった。終戦直後は、カリキュラムもいい加減なものであったのであろう。

　その頃は、偏差値などはあまり言われない時代であったが、言われておれば、県下でもかなり下のほうに位置していたであろうことが予想される。私としては、よその高校と比較など考えもしなかったので、入学できたことをとても喜んでいた。むしろ誇りに思っていた。寮に入るのも当然のこととしていたので、何の抵抗もなくすんなりといった。中には親との別れに涙を流していた人もいた。後に大変な目にあうことなど予想もできなかった。

寮生活は快適であった。ただ、終戦直後であったため食糧難には悩まされた。寮での食事はうどんが多かった。いつも腹を減らしていた。

寮生の同級生は中田静、後藤清人、甲斐寿郎、岩屋義男、志賀洋郎、後藤龍三などが農科であった。

部屋割りは各科別で三年生、二年生、一年生が同数で組み合わされて合計一部屋七人くらいであった。室長がいて日常生活を取り仕切っていた。私の部屋は皆まじめな人たちで、私の世話などよくしてくれた。

私は体格がよくて人相があまりよくなかったので、畜産科のボスなどからは睨まれていた。こいつは将来寮のボスになりそうだと思われていたらしい。よく、このボスには呼びつけられたり、私の部屋にやって来たりして、ときには本箱で殴られたりしたこともあった。

このボスは相撲部で活躍していた。中村さんという人である。寮の中でも同じ三年生の丸小野さんという人と張り合っていて何かと競っていた。二人はどこかに行って殴り合いをしてくることもあった。凶器など持たない約束をしていたらしい。そのお陰で、特に畜産科の上級生から私は睨まれることになる。しかし、これは寮内だけの問題で、全校的には寮生は特別視されて大切にされていた。礼儀正しくてしつけが行き届いているということらしかった。

あるとき、寮内には、授業中であるし誰もいないはずで、一年生のくせに、下駄履きで寮の廊下をからからと歩いたりしたことがあった。ところが、授業をサボって押入れに寝ていた上級生がいて、生意気な奴ということでこっぴどく殴られたりしたこともあった。

寮ではよく勉強もしていた。分からないことなども、先輩が丁寧に教えてくれた。その中には先生の出題の癖などもあって助かった。勉強をサボっていると注意してくれたりした。勉強といっても普通科の学校と比べれば、同じ数学、国語、英語など、職業科用の水準の低いものであった。当時はそんなこととは知らないでいたので、これでも、難しいと思って取り組んでいた。先生方は教える熱意もあまり、湧かなかったであろうと思われる。

寮では、「全優」をとった人がいたりして、その人は特別視されていた。私は一度もとったことはなかった。

その頃、偏差値などという言葉はあまり使われていなかったと思うが、あったなら三重農業高校など県下でも最低の水準であったろうと思われる。その中で大学入試を一応乗り越えられたのは寮にいて、志賀洋郎などの金持ちの子どもが持っていた受験用参書などを借りられたことも、大きな効果があったと思っている。

特に、大学入試検定試験の参考書など、ひんぱんに借り、勉強したお陰で三重高校普通科を含めてトップクラスの成績を収めることができた。大学入試にも希望が湧いてきた。

しかし、これは井の中の蛙の楽観論にすぎなかった。まず、進学大学の選択の範囲が限定されていたことである。どこにでも行けるわけではなかった。経済的な条件が第一である。私大であれば、私の学力でも進学できそうな大学は複数あった。しかし、これは絶対だめである。国立でなければならないとなれば、宮崎大学か大分大学しかない。しかも、四年間も資金が続くかが問題である。したがって二年制のある大分大学しかない。大分大学へは、前年三重農業高校から二名合格していた。それにしても難関であった。教師になりたいなどという高い志があったわけではなかった。

高校生になって、寺の矛盾だらけの生活への思いは、ますます複雑になっていた。父も二男として生まれたが、長男が早逝したために、やむなく寺を継ぐことになった事情もあって、本気ではなかった坊さんの仕事であったと聞いていたし、母も私に、寺を継ぎなさいとは言わなかった。人が死ななければ収入が得られないという生活は尋常ではないと思うに至る。

寮で、自分の机の前に座って窓の外の空を眺めながら考えることは、自分が生きていることの意味があるのか、ということであった。自分が死んだら何がどうなるのか。これまで育ててくれた父や母が悲しむであろう。しかし、父や母の生き方を見ていると、そのような生涯は送りたくないと思う。また父や母は、僧としての本来の仕事は何らしていないことにも疑問を感じた。

高校生にもなると、村全体に広がる檀家回りはもちろんのこと、隣村や町に点在する檀家回りも任されていった。盆はまだしも、正月になると夜になるまでかかることが多く、新月で月明かりの全くない中を廻らなければならなかった。その上冬だから、霜柱が道路にできて、昼の間にそれが解けてどろどろの道になる。舗装道路など全くない、僻地の道である。長靴など気の利いた履物もなく、下駄で歩くと泥だらけになる。

こんな中でしたことは、歌うことであった。歌うと不思議に元気が湧いてきた。よく歌ったのは、中学校で教えてもらった、「山小屋の灯」であった。

父、母の生活の姿を反面教師とし、父母の悲しみを思って、死ぬことは考えないようにした。

高校も三年生になると、特に寮の中では特別な存在であった。あらゆる面で力を持っていた。各部屋の室長は全員三年生であったし、その話し合いによって寮の運営が行われていたので、三年生の行動や考え方で寮生全員のあり方が決定づけられていた。私たちが三年生になるまでは、寮生の中にもタバコを吸う者が、何人もいた。三年生に吸う者がいて、それを誰も止められなかったからである。

私たちの代になってからは、三年生は誰も喫煙する者はいなかったので、それが寮のきまりとなって定着し、二年生などで喫煙していた者もやめてしまった。ところが、私たちが卒業休みに入って自宅に帰省して、また、卒業式のため、寮に帰って見ると、寮全体が煙に包まれていたのである。

私たちの学年は大学進学ができた者が他の学年に比べて多かった。志賀洋郎は、東京教育大学を薦められて受験した。失敗したが宮崎大学には合格した。後に九大大学院に進んだ。藤内豪太郎は明治大学、私と神田憲一は大分大学に進んだ。女子では小野冷子が国立別府病院付属高等看護学院へ進んだ。彼女は神田憲一の従姉妹にあたる。

神田憲一は私の親友であった。どうして親友になったかは、定かな記憶がないのであるが、私が級長などしているとき、助言をしてくれていたのが彼であった。そのことから、私が頼りに思って彼について回ったのが始まりではなかったかなと思う。寮の食事が貧しくて腹を空かせていると、彼は自宅に招いてくれて、たびたび、ご飯をご馳走してくれたりしていた。

彼の家庭は、父親を戦争で亡くして、母親と姉と妹と彼の四人であった。私が彼の家へ行くと皆で温かく迎えてくれてご馳走を沢山食べさせてくれた。姉さんは美人で才媛であった。三重高等女学校を卒業して町役場に勤務していた。私が見た映画の話などをしていると、その映画はよい映画だったのなどと聞いてくる。よい映画だったなどと言うとさらに、どんなところがよかったの、涙が出たからか、などと突っ込まれ、困って何となくなどとあいまいに答えるという調子であった。ちょっと怖いお姉さんであった。

三年生になると、寮からの外出も、ある程度自由にできるようになっていたので、三重町やその近くに住んでいる友達に誘われて祭りに呼ばれたりしていた。

神田憲一の従姉妹の小野冷子は、家が、三重農業高校の正門のすぐ前にあり、神田といっしょに度々訪れていた。小野冷子の母親は、和裁をしていて、近所から通って来る娘さん達に、和裁を指導して生計をたてていた。

神田の母の妹で、子どもは、冷子と兄の俊、姉の和、弟の剛の四人いた。和裁だけで五人が生活するのは大変で、神田の家から米や野菜などの援助を受けていたようである。神田は学校の近くにある、冷子の家にそれらを運ぶ役目もしていたのであろう。私はこれに連れて行かれた。姉の和さんは、私を映画に連れて行ってくれたりした。その頃の映画は「青い山脈」などであった。和さんも町役場に勤務していた。神田の姉さんとはちがって、やさしさに包まれるような感じの人であった。

二　耐乏生活を楽しんで

大学は大分大学学芸学部二年課程であった。

二年制であるため学生寮には、入れなかった。下宿屋をさがして自炊をした。下宿屋は米屋であった。下宿屋のすぐ前に魚屋があってその隣には薬屋があった。下宿屋は、ちょっと気難しそうなご主人と気安そうな奥さんと、女の子姉妹がいて二人とも大分大学付属中学に通っていた。前の魚屋さんはこれからずっと、おかずの材料を買うのに便利なお店として、お付き合いをしていった。買うのはいつも鰯くらいであった。

この下宿を探してくれたのは、私の故郷出身の牛乳屋さんで、この人は父の寺の門徒の家の出身者であり、奥さんは、寺のすぐ近くから嫁いで来た人であった。どちらも父を尊敬してくれていて、私のことを親身に世話をしてくれた。

下宿が見つかるまではこの人の家で過ごした。この家には宮本さんという大分大学の学生がいた。彼は優秀な四年制の学生であった。彼は、牛乳屋さんとは叔父、甥の間であった。彼はすぐに寮に入れた。彼は私の一年上の学年であったので、単位の取り方なども教えてくれた。自身の単位の取り方として「優」が取れないと分かったときは、わざと欠点を取って、次に「優」が取れるようにしているというようなことを話していた。私は二年制の学生であったので「良」であろうが、「可」であろうが取れるときに取っておかないと、終了できない危険があった。小学校教員としては必須のピアノも習うことにした。バイエルという教本を一番から習っていくのである。二年生の終わりには、七十番位までいった。教本は百番以上あったので、まだまだであるが、私としてはこれで良しとしていた。後に、竹田市で、岡城音楽祭があって、これに伴奏者として出場することになり、どれ程後悔したことか。

大学生活は充実していた。全国的に有名な国文学の教授として、松本義一先生などもいて、先生の講義を受けられるだけでも喜びであった。松本先生は、俳句研究者として、特に芭蕉研究の第一人者であった。この先生から「優」をもらったことは、誇りであった。この学びが後年、アララギの歌人斎藤喜博に出会う素地を形成することになったのかもしれない。また別のキャンパスの経済学部から講義に来てくださった教授の講義など進んで受講した。やはり、新鮮さを感じた。亀川の看護学院に進んだ、小野泠子が友達を連れて遊びに来たときなど、音楽室に連れて行き、習いたてのピアノを、自慢げに弾いて見せたりした。心理学サークルでは児童心理学について興味をいだき、深く学んでいった。これも斎藤喜博教授学に出会う布石になったのかもしれない。

短い休日のときは、家には帰らず、湯布院にある、祖母の一番下の妹の大叔母の家へ遊びに行っていた。叔父、叔母の間に、恵子ちゃんという可愛い子どもがいた。これと遊んだり、叔父、叔母や大叔母と大学生活のことや、私の寺についての疑問などについて話し合ったり、田んぼの草取りを手伝ったりした。

あるときは、叔母の弟に、渡辺忠美という、私と同年の人がいて、姉の家へ遊びに来たとき、いっしょに、早朝由布山登山をした。彼も長崎大学教育学部に進学していたので話も合った。早朝三時頃出発して、山頂を目指すのであるが、山頂は非常に寒いということで、叔父の助言で、各自、薪になる製材くずを、杖にして登った。頂上に着くと、夏にも拘わらず、とても寒くて、じっと立っていられないほどであった。すぐに持ってきた製材くずを燃やし始めると、そこにいた皆が火の回りに集まって暖をとった。誰も薪になる物など持っていなかったのである。渡辺忠美は、多くの姉妹の末に生まれた男の子であったので、大事に育てられ、甘えん坊であった。登山のときも、足が痛くなって歩けないと言うので、私の履いていた靴と履き替えてやったりした。私のほうが兄貴株であった。自分の考えについて、よく私の意見を求めていた。

盆、正月の休日には相変わらず、檀家回りをさせられていた。森田康雄という一年上の、大分大学生が村にいて、そのお母さんから私は、大変感心な子だと褒められていた。自分の子は、休みになっても遊んでばかりいるのに、私は必ず家に帰って、寺の手伝いをするということが主な理由であった。

その頃の私は、檀家回りの楽しみを、同学年で、大分商業高校を卒業して村に帰り、青年団長などしていた田辺一徳の家に行って将来の夢を語り合うことや、村の郵便局長さんの家に行って話し込むことなどであった。局長さんは話好きの人で、私の父と同じ年頃なのに、私の話をよく聞いてくれていた。もうこの頃には、寺などを継いで生きるなどということは、考えられないと思っていた。父はその頃、村の中の自由党の人と交流を持っていて、村上勇代議士を応援していた。私は、田辺一徳と社会党の良さなどについて話し合っていた。後に、田辺は大分市に出て、「たなべ建設工業」という会社を興し、県下でも有数の企業に育てたのであった。

大学時代には緻密な家計簿をつけた。一円でも浮かせるためであった。家からの仕送り内におさめるのは大変であったが、赤字になることは一度もなかった。奨学金のお陰も大きかった。

Ⅱ部　子どもの事実に立ち、教育の事実をつくる

～子どもに寄り添う実践～

第一章　斎藤教授学に学んで

一　教員として立つ

二年間は瞬く間に過ぎて、教師として出発する日が近づいてきた。大分県の教育委員会に必要書類を出して待っていると、「竹田市教員を命ず」、という書類が送られてきた。学校名は、竹田市立岡本小学校とあった。学校規模は各学年一クラスの学校であった。岡本地区の出身者には、竹田市教育長の、橋爪周馬という人もいた。そのほか学校の教師も多く、小、中、高校にわたって活躍していた。病院も有名な後藤病院というのがあって、院長先生は、福祉に力をいれて病院を経営しているということで有名であった。

担任したのは、四年生、男子二十三名、女子二十一名、計四十四名である。このクラスは、四年、五年、六年と三年間連続して担任することになる。新卒教師が三ヵ年担任するなどは、私の教師生活の中でも、例がないくらい異例なことであった。どうしてこんな事になったのかは、いまだに分からないのであるが、その英断には驚く。よほど人事に困っていたのであろう。私としては、この子たちには済まないことをしたと、今も、頭が上がらない。後に私は、大分市に出て教師をすることになるが、このクラスは、還暦を過ぎてまで同級会を開いた度に招いてくれている。私も、このクラス会には、万難を排して参加することにしている。私と、年齢は、十一歳ちがいである。もうお互い同級生と言ってもおかしくないくらいである。

岡本小学校では、よく、教頭の梶原先生が、教室に来てくれて、授業をして見せてくれたりしていた。新卒教師ということで、気にかけてくれていたのであろう。私が見ても、六年生の古沢先生のクラスも、五年生の荻先生のクラスも、整然としていて、どの子も勉強がよくできるような顔をしていた。それに比べると私のクラスは荒れていて、子どもの顔もすさんでいるように思われた。

保護者も、私のクラス経営を温かく見守ってくれていたのであろう。特に厳しい意見ももらったことはなかった。クラスには、保護者の中に、校長先生をしている人や、農協の組合長さんなどもいて、特に、組合長さんは、ＰＴＡの会長もしていて、私をフォローしてくれていた。

次に転任したのは、大分県直入郡直入町立長湯小学校である。私の生まれた、下竹田村の隣町である。豊かな温泉が湧き出ていて、銭湯もあり、子どもの頃から度々入湯に訪れていた。川の岸や田んぼ、道路わきにも温泉が湧き出ていて、それを、備えつけのひしゃくに汲んで飲んだものである。胃腸の病気によく効くということであった。温泉の温度が低くかったので、「長湯」という地名がついたと言われるくらい低温の銭湯もあった。小学校の近くにも、小屋が建っていて温泉が湧き出ており、無料で入浴できた。学校の裏には小山があって、授業中に雪山を、大きな立派なしっぽを持った狐が、ゆっくり歩いているのを、教室から見たりしたこともあった。学校からは、久住山や大船山という、九州山地の中にある有名な高山もすぐ近くに見え、みやまきりしまの頃に、一週間おきに登山したりした。麓から頂上へと花が開いていくのが見られて、贅沢な登山が楽しめた。

二　斎藤喜博との出会い

この頃、特筆すべき出会いがあった。かの、教育界で有名な斎藤喜博である。著書を通してであったが、教育についての認識の変革を、強烈に与えられた。『学校づくりの記』(国土社)という著書である。「学校づくり」などという言葉が、まず非常に新鮮に感じられた。学校経営とか、学校運営とか言われてきたことが、なまぬるく感じられ、学校づくりというと、働きのある言葉だと思われた。

斎藤喜博が若くして小学校長となって赴任するところから始まる物語である。真の教育とはこういうものだということを、感じ取らせる力のある文章で述べている。村に入ったときから、鋭い観察をしている。学校に入ったときには、もう学校づくりを始めているような観察をしている。文章もうまく興味をとぎらせることなく読み進められた。

学校回りをその日のうちにしている。学校の窓から見える明るく広い景色の中には希望も感じられる表現もある。斎藤は始業式では、子どもたちに次のような話をしている。

月見草のいっぱい咲いている広い野原の話をしたあと「ひばりはピイピイとだけ鳴くのではないのです。雀もチュウチュウとだけ鳴くのではないのです。みなさんは、よく自分の眼で物を見、自分の耳でよくきき、よく考える人間になってください。そういう態度で勉強し、みんなの力で、自分や自分の学級や家や村をよくしていくようにしてください。」と言って話をやめたとある。そして「当番の先生が『気をつけ、礼』と、号令をかける前に、ぴょこんと礼をして、だんの下におりてしまった」と述べている。一般的、概念的な物の見方や考え方を否定し、形式的なやり方生き方を嫌った斎藤喜博の基本的なものが、すべてここにあるような気がした。学校づくりはもう始まっているのである。教育に関する著作物をこれ程楽しんで読んだことは、これまでなかった。一気に読み進めた。そして分かったような気になった。実践してみようと思った。教室にあった、むだな古釘を抜いたり、古い貼り紙をはがしたりした。集団行動のとき、号令をかけないで並ばせようとしたりした。これらは形式的なまねばかりである。何も変えられなかった。しかし、日本の教育界に、こんな人がいるということを知っただけでも私にとっては、大収穫であった。

斎藤喜博の編著書は全てといっていいほど、購入して読むことになる。写真集『未来誕生』（麦書房）などは、発刊されるのを待っていて初版本を購入した。

次の転任先は、私の生まれ故郷の下竹田小学校であった。下竹田小学校は僻地校であって、給料に加えて八パーセントの僻地手当てがもらえた。温泉地の長湯とも近いので、あまり僻地感覚はなかったが、下竹田小学校へ転任辞令が出ると、泣き出して転勤拒否を起こす女の教員もいたと聞いた。ときには、あまり理由の分からない転任で、遠隔地から転入して来る人もいた。

若い独身の女の教職員の割合が多かったのは事実であった。教職員の一人ひとりと接してみると、酒飲みと評判の悪かった人が、実は数学に精通していて、すごい指導力を持っている人であったりした。若い女の人たちも僻地にいるという引け目やいじけなど、微塵も感じさせない明るさで、元気に仕事をしていた。私も適齢期になり、結婚話もちらちらあったりするようになったが、私には解決できていないことがあったので、そんなことどころではなかった。寺の問題である。心を決めて、父に切り出したのは、次の四項目である。

一　寺は継ぎたくない。

二　どうしても継がなくてはならないのなら、結婚はしない。

三　寺を継がないことを認めてくれるなら、大分市など中心部の学校に転勤を許してもらいたい。ここにいては門徒の人などとの関係が断ち切れない。

四　将来、親の世話は、責任もって看る。

父は意外にも簡単に、この申し入れを認めてくれ、大分郡大南町立戸次小学校に転任となった。

三　大分市立戸次小学校での実践

戸次小学校は大野川河口から十キロほど上流にある平地に位置していた。たびたび大洪水に見舞われることで有名であった。私が在籍中にも一度洪水に合って校舎の一階まで泥に埋まったことがあった。お陰で土地が肥沃のためごぼうの産地として福岡の市場までも出荷をしていた。平地の中の家々は平地より二メートルも高く石垣を積み、その上に建てていた。小学校は大南町の中心校と言われていて、校長も教育事務所長などの経験者がなっていた。校長は牧章という人であったが、おおらかで、職員室でも、特に、女性教師などに冗談をふりまいて笑わせていた。研究の面でも、県教委の指定校などを引き受けてきてやらせていた。指導者は、県教委指導主事の森信男先生であった。この人は、大分大学教育学部付属小学校に在籍のときから、社会科の研究をしていて、全国的に名を馳せていた重松鷹泰教授などと親交があり、大分県で講演会などもたびたび開いていた。校内研修は、もちろん社会科であった。私たちにも分かりやすく説明をしてくれて、そのときよく言っていた言葉は、「私の説明で分かりにくいところがあったら、すぐ言ってください。そこは、私もよく理解できていないところですから」と言うのであった。もちろん、理解できない箇所など一つもなかった。私は社会科のおもしろさを教えてもらって、それ以来退職するまで、研究教科は社会科で通した。

戸次小学校には五年間いた。子どもたちと休み時間に外に出て、ドッジボールなどを楽しんだのも、教師生活の中で一番多かった思い出がある。教室では見せない姿を遊びの中で見せてくれ、こんな面もあるんだと驚かされたりしていた。

斎藤喜博研究もわずかにではあるが、進んでいて真似事みたいな実践もしていた。斎藤喜博に最も感銘を受けたのは、子どもの持つ可能性を伸ばすということであった。「子どもに劣生はいない。どの子もすばらしい可能性を秘めている。それは、本人も気づいていないことが多い。それを目の前に引き出してやるのが教師の仕事である。」ということであった。しかも、その仕事は「授業」を通してしかできないというのである。生活指導も授業を通してやるというのである。それほど厳しい授業などできるわけがない。しかし、真似事みたいなことでも、わずかずつでもそこに近付く努力をしてみようと思って、取り組んでいた。

大分市で国体があった。小学校も各学校が演技を分け合って受け持っていた。戸次小学校は鼓笛隊であった。大分県行進曲などを演奏しながら行進したり隊形を変えたりするのである。表面の華やかさと裏腹に笛の子どもたちの中には、吹くまねをしながら、ただ列の後からついて歩くだけの子が、かなりの数あった。斎藤喜博の著書を読んでいた私は、鼓笛に疑問を持ち始めていた。子どもに形式を押し付け、特に笛の子には苦痛を強いるものであった。音色をよく吹くなどという音楽的な内容はどこかに飛んで楽隊の音を増幅させるためだけに利用されていた。音に耳を傾けるなどという雰囲気ではないからである。

それかと言って、綺麗に歩くという目的でもない。楽器が邪魔になって歩けない。こんな中で、笛も吹けないで歩き回るだけの苦痛は大変なものであろう。せめて全員に笛を吹けるようにしてやろうという思いを深くした。教室に帰ったとき、一人ひとり側に呼んで吹かせた。

大部分の子は何とか吹ける。そんな子は、放っておいても吹けるようになる子である。吹けない子を一人ずつ呼んで、一音ずつ教えていった。全く吹けないで、笛もよく家に忘れてきていた子が、唾液を笛の先からたらしながらも、吹けるようになっていった。一小節、二小節と進むと、これまでの練習で何回も聞かされている曲であるので、音階さえ読めればもう自分で練習ができるし、本人もやる気を持ってきていた。カタカナで階名を書かせて持たせると、休み時間を使って練習するまでになった。一人も吹けない子はなくなった。全員、鼓笛隊の中で吹いているのである。このことは、私に、指導さえすれば全員ができるようになるということを教えてくれた。鼓笛隊への反発が、子どもへの願いに向けられて、妙なことからつかんだ教師の仕事に対する目覚めであった。

四　斎藤喜博教授学の特質
～生命体・人格体としての学級・学校組織論～

このようなことをするようになったのは、斎藤教授学の教えを知ったためであると思っている。それまでは、その子その子の能力に応じた指導でよいと思っていた。笛の吹けない子はその能力がないからだという、能力の限界というものを信じていたのである。

二〇一二年の今、いじめ問題で全国各地が揺れている。打ち出されてくることは、文部い。

科学省から教育委員会、知識人、教師ともに対応策ばかりである。早期発見、早期対応という。警察関係者を教育現場に入れて解決を図ろうというのである。これでは根本的な問題解決策にはならないのではないだろうか。いじめの起こらない学校にしなければならない。

学校の授業によって、分からなかったことが分かるようになり、満足感を味わい、充足感を得るようになれば、友人の良さも分かり、友人によってこそ自分も成長させられていることを知る。学校とか、学級とかのまとまりで勉強することの本当の意味も分かる。友達を排除したり、友達に暴力を振るったりすることはなくなる。

斎藤喜博は、学級を組織することが授業をする上で大切なことだと述べている。組織するとは、私の浅い理解で言えば、子ども同士を結びつけることである。授業の中で、子ども同士の意見を結びつけ考えさせることで、お互いの考えに影響を受け合い、自分の考えを見直し、考えを変えることができる。考えが高められるのである。こんな事が起きるのは、子どもたちが教師によって組織されているからである。その中では、友達の意見や考えのすばらしさにも触れることができ、結果、友達の存在が尊いものになり、かけがえのないものとして意識される。阻害する対象から尊敬する対象に変化する。

これは、クラスとクラス、学年と学年でも起きる。そのためには、クラスとクラス、学年と学年が接点を持っていなければならない。学校というところは、意外にも学級王国、学年王国として独立して接点のない運営がなされている。

他のクラスに口出しすることは遠慮する傾向にある。逆に批判的に接したりする。これが組織されることにより、一年生の活動から六年生が学ぶことも起きるのである。たまには下の学年の方が上の学年の活動をしのぐ、優れたものを見せることもある。これを見た多くの子どもたちは、大きな刺激を受け、向上心につながる。

このようなことは、学校という、一年生から六年生までが、一つの校舎の中で学んでいることでしか起こり得ないことである。単なる行政の都合により、学校というものが存在しているのではない。斎藤喜博は、このようなことを、島小学校を初め、自分が校長を務めた学校だけでなく、全国各地の学校で実践し大きな成果を挙げ、足跡を残してきた。

五　大分郡庄内町立大津留小学校での実践

私は、戸次小学校に五年間いた。学ぶことの多い五年間であった。

市町村合併で、戸次小学校も大分市立戸次小学校となり、大分市の一員となることができた。また、僻地教育振興策として、大分市以外の僻地に三年間行ってくれば、管理職登用にも資格として登録されるなど、優遇策も打ち出された。僻地派遣制度である。

私は、その候補者に選ばれ、家から通える大分郡庄内町立大津留小学校へ行くことになった。妻の父がかって大分郡で教育長をしていたので私を伴って、大津留地区にただ一つある宮崎医院へ連れて行ってくれた。宮崎先生は、医院をしながら教育委員などもしている、町の有力者であったらしい。父とも旧知の間であり、話がはずんでいたがそのうち、私のことに話題が及び、なぜ、大分市から大津留小学校へ来たのかが話題になった。何か問題があったのか、というのである。これまで大津留小学校へ大分市や別府市から来た教員は、何か問題を起こして出されたりしていたのであった。私は、今年度から始められた派遣制度のことから説明しなければならなかった。教師として成績優秀でなければ選ばれないことなど説明して、ようやく納得してもらった。

僻地としては軽い八級であった。車の免許を取って中古車を買い、それで通った。道路は舗装されておらず、車も度々パンクしたり故障したりした。また、道幅が狭く、バスと離合するためには、道の広まった場所を探し、かなり手前から待っていなければならなかった。

大津留小学校では戸次小学校で体得した、「やればできる」という自信を、歌にぶっつけてみた。音楽の時間を四時間目に組み、給食当番が準備をする間、音楽室になっていた講堂で、当番以外の子を残し、一人ずつ歌わせていった。教科書の歌である。歌えない、声が出ない、音程も狂う。そこで音階を練習させた。低いドから高いドまで、アアア……でやらせる。多くの子はすぐ出せるようになるが、ラシドが出にくいため、音を下げてしまう者が、特に男子に多かった。河野君は、ソから上は全部ソの音程と同じに声を出してしまう。何回やっても同じである。

ある日、河野君を一人体育館に残して練習しているとき、河野君がふと口ずさんだのが、流行歌の「骨まで愛して」である。この歌をみごとに歌いこなしている。兄の影響で歌っていたようである。音階は正しく出せないのに、こんなむずかしい歌を正しく歌えるということが私には不思議であった。学校での音楽の時間に歌うときは、河野君は何かに抑圧を感じて、のどが開かれていない状態で歌っていたのではなかろうか。私はこれを利用しない手はないと思いついた。河野君に、その歌を私に教えて欲しいと頼んだ。その代わり私は河野君に教科書の歌を教えてあげるからと言って教えた。河野君は心を開いてくれたのか、音階も高いドまで平気で出せるようになっていた。

そこで、他の子どもたちにも、きれいな声などと言わずに、声を張り上げて出させてみた。私も講堂中に響くような大声を出し、それに負けないように大声を出させて、ドレミを出させた。そうすると、声はかすれたりするが音程は正しく出た。

他の子どもたちにも、できるだけ一人で歌わせた。合唱のときなど、高音を子どもたち全員で歌わせ、低音は私が一人で歌った。そうすることで、一人でも歌えることを分からせたかった。そのうち、独唱することを喜んでするようになっていった。

全員歌えるようになると、もともと歌の上手であった子どもたちも、とても喜んで、歌えない子を心から応援したり、励ましたり、できると拍手して迎えてあげたりするようになった。

大分郡内で合同音楽祭があった。各町村から何校か割り当てがあって、大津留小学校がその年当番に当たっていた。音楽主任から「河村先生のクラスを貸してください」と言われたときは、全く自信がなく何度か断ったが、子どもたちも合唱をしたいということであったので、クラス全員、声の悪い子も一人残らず出場できるなら、ということで引き受けた。その頃は歌のうまい子だけを選抜して出場するのが普通であった。私はどの子も歌える子どもにするというのを目標に取り組んでいたので、クラスの全員を晴れ舞台に立たせてやりたいと思っていた。「みつばちぶんぶんぶん」という歌に取り組んだ。選曲はもちろん音楽主任がして持って来た。

大分郡の音楽主任の会長に平井さんという人がいた。指導に来てもらった。そのとき教えてもらった発声法が、いまだに役立っている。耳の後ろを押さえて、へこむくらい口をあける。発声は高いほうから低い音へとやらせる。声は、アでなくて、ラで出させる。高い音や、頭声発声は、オで出させると出しやすい。などであった。

音楽会では、大津留小学校の合唱は、大好評であったと音楽主任が喜んで話してくれた。ここでも、やればできることが、また一つ実現できた。教師の技術はこうして、一つひとつ実現していきながら、身につけていくものである、と斎藤喜博の著書にもある。

また、絵画では大分県創作美術展があって、それに入選することは、学校の誇りであった。学校ごとで入選者が何人いたかが話題になっていた。それに私のクラスだけで、数人もいたので、郡内の先生たちがびっくりして、学校に見学に来る者も出たくらいであった。どうやってこんな絵を描かせたのかと聞かれた。私は、子どもたちが、本当に描きたくなる物を見つけるまで待っただけである。私は、小学生のときから図画の勉強は嫌いで、絵もへたくそであった。絵の指導などできるわけがない。だからやったことは、子ども自身がその気になるのを待つしかない。どうしてその気にさせるかであるが、自分には技術がないので、技術の優れた子の描いたものを、鉛筆での描き始め、鉛筆での出来上がり、色付けの始まりなどの、段階ごとに、全員を集めて見せ合って、技術の低い子に、あれくらいならできそうと思わせるようにした。もともとうまく描ける子も見せ合いによって、他の子の描き方を取り入れたりして、技術が向上したりすることもあった。あとは、根気比べであった。子ども同士を結びつけ、互いの刺激によって絵の技術を高めていくという、これも組織化と言えることかななどと考えてやったことである。

やればできるという、自信のようなものを持てるようになったのもこの頃であった。教師になって十二年経っていた。

僻地派遣の三年間も過ぎ、大分市立大道小学校へ戻った。この学校には畔津九郎という教頭がいて、市教委の指導主事時代に、よく、社会科の指導を受けた。その縁もあって、「是非俺の所へ来い。」と誘われて、大道小学校を希望したのであった。

六　大分市立大道小学校での実践

大道小学校は、大分市の中心校の一つである。大分駅から南へ一キロもないほどの距離にあった。全校で千人余りの大規模校である。校区の中には大平寺と言われる丘があり、そこには大分市民の水道をまかなう水源地が置かれていた。地名の「おおみち」も、大平寺の峠を通って南大分方面から大道地区へと入って来る昔の肥後街道の名残を残している。今は、大道トンネルで結ばれて新しい国道が大分駅へ向かって走っている。街道は、古い商店街として残っている。校長も県教育委員会で課長を経験した人がなっていた。教頭の畔津先生は、書道の大家でもあった。後に私が校長になったとき、『春風開紫殿』という書を贈ってくださった。今もこれは家の玄関に飾ってある。

私は、研究主任をさせられた。三十歳代で大道小学校のような大規模校の研究主任というのは珍しがられた。

文部省の中央研修にも選ばれて参加した。一県から三名程選ばれ、全国から集められて研修を受ける制度である。中央研修は、他県では、教頭や指導主事に進む一つの資格になっていて、四十代の人が多かった。私は三十九歳で、教頭や指導主事などまだ先のことであった。ここでも、どうしてこんな若い奴が来ているのかと不思議がられた。

中央研修にも、長期と短期があって、私は長期で四九年九月三日から一ヶ月間の研修であった。渋谷のオリンピック記念青少年総合センターに缶詰状態で研修を受けた。外出もままならず、出入り口の守衛さんに、外出許可証を見せて外出し、時間制限内に帰って来なければ入れてもらえなかった。

文部省の研修というので、堅苦しく感じていたが、講師は民間から、将棋の大山名人やNHK解説委員長の緒方彰さん、作家の曾野綾子さん、ピアニストの遠藤郁子さんなど、大分では、めったにお話など聞くことのできない人がいて、結構楽しく過ごした。

ただ、連休のときなどみんな一泊で自宅へ帰って行くのに、我々九州人は帰れなくて残念だった。特に大分は東京から遠いということを思い知らされた。大分から東京までは、「特急富士」という列車で二十四時間かかっていた。

中央研修で得たものは多かったが、特に印象に残っているのは、文部省の説明と、地方の教育委員会の説明に、大きなギャップがあると感じたことであった。地方に下りて来たときには、非常に形式的になっていて、文部省の本心は伝わっていないのではないかと思われることが多かった。

これまで、低学年を担任したことがなかったので、二年目に低学年担任の希望を出した。採用されて一年生の担任になった。一年生は四クラスであったが、他の三クラスは、ベテランの女性の教師であった。これは私にとっては、心強いものを感じられた。私がへまをやらかしても、すぐ助けてくれるだろうという、都合のいい期待であった。研究主任も兼務していたので、本当に助かることが多かった。一年生であるために、幼稚園の雰囲気と同じようにしておくことが大事な仕事であった。経験のない私は、何をどうすればいいのかさっぱり分からなかった。

研究主任会があって、出張したとき、教室に帰ってみるとびっくりした。隣の教室に間違えて入ったのかと、一度教室の外に出てみるとやはり、自分の名札のついた教室であった。がらりと雰囲気を変える飾りがつけられていたのである。学年会を開いて、共同作業で装飾をしたのである。

一年生担任は、非常に体力を使う。くたくたに疲れ、子どもたちを帰した後は、教壇の上に倒れこむように、休みを取るのである。幼稚園や保育所などから集まった集団である。それぞれの園や保育所で保育の仕方が違っていて、並ばせるだけでも一苦労である。

小学校低学年を担任して強く感じることは、子どもの持つ無限の可能性を伸ばすとか、可能性を引き出すとかいうことの要素とも言えるべきことが、低学年の子どもの中には、沢山あるということである。

服を着替えさせるのも、一苦労である。平服から体操服へ着替えさせると、まず個人差にびっくりする。瞬時に着替えてしまう子がいるかと思えば、脱ぐだけでもなかなかできない子もいる。指導も全くの個人指導でなければならない。何回か着替え練習をしていると、一斉にできるようになる。高学年で着替えの指導などしたことはなかった。できることが当たり前のことであった。文字を書くことも、最初は個人差が大きい。自分の名前をひらがなで書くのも、さっさと綺麗に書ける子と、八文字ほどの名前を一時間かけてもまだ書けない子もいる。また、鉛筆の使い方もまちまちで、幼い頃に、鉛筆を使っていたずら書きを沢山している子はうまく使える。そうでない子はぎこちない。そこで分かったことは幼いときから、鉛筆やクレパス、マジックペンなどを使って、円や四角やぐちゃぐちゃや書きなどをして遊ばせることが大切である。

体育なども低学年での指導が非常に重要である。高学年で鉄棒の逆上がりや前回りをさせると、鉄棒の上に上がっただけで、ぶるぶると震え出す子どもがいる。低学年で、鉄棒遊びを十分にしてきていないのであろう。できない子をできるようにしてやる指導の、代表格に「逆上がり」がある。低学年の指導内容を把握できていれば、誰にでも簡単にできることである。

私は一年生に、雲梯に上らせることから始めた。入学したての子どもでも、雲梯に上るのは喜ぶ。高い所が嫌な子は一段でもよい。上れる子は一番高い所でもよい。自由にできる範囲で上らせ、写真を撮る。高い所に慣れさせる指導である。一年生の鉄棒の高さは、雲梯の一段とあまり変わらない。何度か上らせているうちに慣れてくる。そのうちに鉄棒に向かわせてもあまり抵抗を感じなくなってくる。そこで「あしぬきまわり」をやらせる。これは、ぶら下がるだけでできるので、子どもは怖がらない。撮った写真は子どもの数だけ印刷して保護者に配る。日常の学習の一端を知ってもらうためである。このことは、教師を辞めるまで続けた。

ドッジボールなども、一年生は、転がしドッジから始めるのであるが、それでもボールが、体に当たると痛いので、怖がって逃げるばかりで、ボールを摑もうとはしない。それでは投げることはできないので、ゲームにならない。そこで、ボールから少し空気を抜いてみた。するとボールがやわらかくなり、体に当たっても痛くなくなり摑めるようになった。休み時間など、外でクラス全員がいっしょに遊べるようになった。

私は、低学年を連続して五年間担任した。一年生、二年生、また一年生、二年生、そして一年生。すっかり低学年の魅力に取り付かれた。

斎藤教授学の、全員の可能性を引き出し、伸ばしてやることが教師の仕事であるとすることからすれば、低学年の指導が重要であることを痛感した。

六年間在任した大道小学校から、少し郊外の豊府小学校へ転任となる。

七　大分市立豊府小学校での実践

豊府小学校は、大分川沿いの南大分平野の中にある新設校であった。南大分小学校が二千名を超える児童数となり、分校され豊府小学校が開かれた。全校児童数千名を超える大規模校であった。校区内には大友館跡や摩崖仏などの古い遺跡もある。学校が開設されて三年目に私は転勤して来た。学校の周りには水田が広がっていて、豊かな緑に囲まれていた。校庭は広々としていたが、近い将来には新設される国道に半分取られる計画になっていた。旧大分市の住宅地として開発されていた。古国府という地名が今も残っているほどに、奈良時代には国府が置かれていた土地でもある。

ここでも、男性で希少な低学年経験者ということで、一年生担任となった。

校長は、加来立雄という人で、県下の教育事務所の所長を何箇所か務めて校長になった方で、新設校である豊府小学校の校長として抜擢された人であった。大分県の小学校社会科研究協議会の会長でもあった。「咫尺の友」という週刊誌を校長自らの手で発行されていた。その中には、校長の学校経営方針はもちろん、日常の学校経営上の問題点やそれについての校長の考えなどを記述していたり、社会問題についても校長の意見を沿えて発行したりしていた。記事の中の一つに、靴箱の使わせ方の記事があった。それは、新入生を迎えるときの、一般的なやりかたを批判したものであった。普通は担任教師が児童一人ひとりの名札を、児童名簿の順番に、靴箱へ張っておいて入学式を迎えるのであるが、それはあまりよくないということであった。子ども自身に自分の靴の置き場所を決めさせて置かせたらどうかという考えである。そこに名札をつけてやるというのである。どうしてそんなことをするかと言えば、子どものしなければ成らないことについて、何でもかんでもいちいち親切に先走って教師がしてしまうことは、決してよいことではないという校長の考えであった。子どもの主体性や自主性、自立性を殺す結果になるという考えである。

多くの教師は、このような校長のやり方を歓迎し「咫尺の友」についても尊敬の念を持って受け入れていた。「咫尺の友」の会というような親睦の会ができたりして、校長を囲んで、食事をしながらお話を聞くというようなことも行われるようになった。

私も、校長の考えや行動力について尊敬し賛同していた。しかし、私は斎藤教授学の考えを持っていたので、「咫尺の友」にも子どもの可能性の追求が取り上げられることを期待して見ていた。加来校長は社会科協議会の会長でもあったが社会科にこだわることもなく多方面にわたって取材をして自分の考えについては広く伝えるように工夫をしていた。

しかし学校の組織化などとは無縁で、斎藤喜博には関心がなかったようであった。

豊府小学校では、校長が社会科の会長であるので、当然社会科の関係の研究会が指定されてきていた。

昭和五十二年十一月には、大分市で全国小学校社会科研究協議会が開催されて、豊府小学校は提案授業を受け入れて実践した。私は、このとき「日本の工業と私たちのくらし」という題目で提案授業をした。教材開発教材作りがうまくいかず大失敗の授業であった。

八　海外研修で学んだこと

豊府小学校在職中、文部省の中央研修には海外研修が併設されていて、これに参加するかという連絡があった。一年生担任であるので、返上しようと教頭の神戸先生に相談すると、よい機会が与えられたのであるから、参加しなさいと、勧められた。後はベテランの森田先生がいるから、何とかなる、とも言ってくれた。決心して参加することにした。

昭和五十一年二月六日から昭和五十一年三月六日までの、三十日間であった。訪問する国は、フィリピン、タイ、インドネシア、オーストラリア、ニュージーランド、ハワイの六カ国である。フィリピンでは、日本そっくりの米づくりの農村風景を目にして、ここらあたりから米づくりが日本へ渡ってきたのかなと思ったりした。タイでは、大きな川のすぐ側に住居や牛小屋があったり、学校があったりして水害の危険はないのかと心配になったりした。後に訪れる水上マーケットなど水辺を利用して、舟で運んでくる果物などの売り買いをしていて国情の違いというものを強く感じた。大河の中では大きな船が材木や砂を積んだりしてゆったりと運んでいるのを見ると、日本のダンプカーのようなものかなと思ったりした。軽自動車に当たる、野菜や果物を積んだ小船もあった。

アジアの国を訪問する間は、どうにか日本語が通じていたが、オーストラリア、ニュージーランドでは通じないことが多くなり、不安を感じた。通訳つきで集団行動が多かったので、何とかなっていたが一番困ったことは、オーストラリアでもニュージーランドでも、学校訪問があり、自由時間に子どもたちとの交流があるが、言葉が通じないために、せっかくの時間を、十分に生かせないことであった。オーストラリアでは、美人の中学生くらいの子と一緒に写真を撮りたかったが、なんと言ったらいいか分からず、手まね、身振りでお願いして、どうにか目的は達した。いろいろ聞いてみたいこともあったが何もできなくて情けない思いをした。

ニュージーランドでは、ちょうど昼食時間が自由時間であったので、子どもたちは全く自由に、弁当を持って私たちの座っているベンチに来て食べたりした。自分の机に座っている子などあまりいなかった。弁当は、ポテトチップスみたいなものを弁当箱に入れて持って来たりしていて、気軽に、私たちにも勧めてくれたりした。このときも、もっと会話を弾ませられれば楽しい話も聞けただろうにと、非常に残念な思いをした。ただ、原住民の子どもや移民の子どもが多く学んでいる学校を訪問したときは、算数の計算を間違えている子を見つけて、手で、いやいやをして直させたりして、それが通じたり、休み時間に庭でテニスをして遊んだりしたときは、あまり言葉は要らなくてできて楽しかった。これらは、作文に書いて、帰り際に私たちにくれたので、それを訳してもらったところ、私と遊んだことばかり書いていることが分かり、大変嬉しかった。そこには、「英語のへたくそな日本人から、算数の間違いを直してもらったとか、テニスをして楽しかった」などと書かれていた。

学校訪問で感じたことは、言葉の通じない悲しさをいやというほどに感じた。ミルデュラの学校訪問でも、クライストチャーチの学校訪問でも、非常なもどかしさを覚えた。子どもたちも教師も、気軽に話しかけてくるが何を言っているのかさっぱり分からないときの気持ち。メルベイン・プリマリ・スクールでは昼食時間の子どもたち。コーバム・インターメジエイト・プリンシパルでの環境美化担当の教師、私たちに向かってたびたび話しかけようとするが、言葉が通じないと気づいたときのもどかしそうな態度。彼のわれわれに対する熱意が伝わってくるだけになおさら強く感じる。話したい、相互の考えをもっと知り合いたい、互いに教師として、同じような問題について関心をもっており真剣に取り組んでいるという点で、心の通じ合っている面があるだけになおさらのこと、もっと語り合いたかった。「また機会がありましたら、ニュージーランドへ来てください」というメンジーズさんの言葉を聴いたときは、万感胸に迫る思いであった。

低学年教育の重要性を再認識させられた。ミルデュラでも、クライストチャーチでもよく聞かされた言葉は、○基礎を身につけさせる。○偏らない教育をしている。○一人ひとりの子に応じて指導する。○助け合いながら学習させる。○指導内容を押し付けるのではなく、その子の欲しているものを与える。○広い行動経験をさせる。〈自分の属する社会以外の社会へ参加を勧める。〉などである。このことを実際指導の中に見ると、○遊びの中で学んでいる。〈教材教具が各種準備してあり、子どもがいつでも遊べるようにしている。〉○物を作る学習が多い。〈切り紙、貼り絵、ブロック、粘土、木材等々〉○机にきちんと向かってというより、床に自由に座っての学習。○繰り返し学習。○一テーマ多活動学習○何でも手当たり次第に教材教具にして、きちんと整理してある。〈ビンの栓、木の実、ボタン、石ころなど〉○複式学級方式での授業。○グループ学習、また何でも歌にして楽しく身体表現を交えながらの学習も目立った。〈数の学習、言葉の学習、交通ルールの学習〉

私たちが訪れたのは、世界的に見れば、ヨーロッパやアメリカとは趣の違う東南アジアやオセアニア方面であった。開発途上国の国々と言ってもいいのかもしれない。日本に住んでいる私たちにとっては、特に教育者としては世界に目を開くという意味ですばらしい研修ができたと思っている。

ハワイまで来たときは、もう日本に帰ったような気分になった。まず出てきたビールが日本のビールだったり、どこに行っても日本語が通じた。ホテルでも言葉で不自由することはなかった。団員の中で一番若年であったため、少しくらいの失敗は大目に見てくれたりした。私の撮った八ミリの写真など、編集して欲しい人に分けてあげたりした。三十日間の八ミリなど、編集に長い日数を要した上に、思いのほか費用がかさみ、希望した人に分けてあげるのもちょっと気がひけた。

一番迷惑をかけたのは、留守にした間の授業を受け持ってくださった森田先生と一年生の子どもたちであった。校長、教頭の思いやりも、ありがたかった。妻もこれを期に教職の退職を決意してくれた。いろんな人の支えがあって、できたことであったのだと、強く感じさせられた。

このとき担任した一年生は後に六年生になって、再び担任することになった。一年生の面影が、まだ残っていて、六年生にもなっているのに、可愛いばかりで叱る気にならなかった。一年生のとき、社会科の公開研究会で授業をした。校内めぐりの単元の中で、「ほけんしつ」の授業があった。今もこのときの授業を記録した録音テープを、大事に持っているが、ときどき聞くと、可愛い発表の声が聞かれて懐かしく思い起こされる。

第二章　斎藤喜博教授学の実践化

一　大分教授学研究の会での活動

豊府小学校に、高橋誠一という新卒教師が赴任して来た。彼は大分大学で野村新教授のゼミの学生であった。野村教授は、斎藤喜博を大分大学に招いて、学生に講義をしてもらったりしていた。ある日、高橋さんの机の上に野村先生からのハガキが置いてあった。教授学研究の会というサークル活動の案内状であった。私は、高橋さんに、その会へ連れて行ってくれるように頼んだところ快く引き受けてくれた。その日に行ってみると、学生や、ゼミで学んで教師として現場に出ている人など、十数名が集まっていた。場所は大学の一画であった。

サークルでは、現場実践したことを中心に、著書を読んでもよく分からなかったことなどについて討議していた。子どもに授業で描かせた絵や、音楽の時間に歌わせた録音テープなども提出され、描かせた意図や歌わせ方、描いた素材を選んだ理由や描かせ方などが討論されていた。それについて、野村先生が、斎藤教授学の考え方、技術論などの立場からの解説を加えていた。

斎藤喜博の著書を読んで実践してみても、ちっともうまくいかなかった私にとっては、願ってもない研究の場をいただいたのである。それ以来、二〇一二年の今日まで、教授学研究の会は、形を変えながら、野村先生を指導者として続けられてきた。

初期の大分教授学研究の会は次のようなものであった。

場所は、大分大学教育学部の三〇二号室である。

まず、宝塚市立逆瀬台小学校公開研究会の参加報告がなされた。この頃から全国各地で開かれていた学校の公開研究会や合宿研究会に、大分教授学研究の会から数名ずつ参加していた。これらの研究会は、教育委員会から出張を認められないものもあって、年休をとって自費で参加することも多かった。それほど魅力的な研究会であった。これまでは、県外での研究会への参加は、半分は旅行気分で、研究会場近くの名所景勝地を訪れることが目的の一つであった。それに対して、斎藤喜博の関係した研究会では、参加した者は皆、その内容のすばらしさに感銘を受け、涙を流しながら授業を見る人も多かった。合宿研などは夜遅くまで時間の許す限り熱心な討論をしたり、他県の教授学研究の会のやりかたを聞きだすために、各県別に泊まっている部屋を訪ね歩いたりした。特に研究の進んでいる県や市の部屋は人気があった。したがって観光などは問題外で、時間がきて帰らなければならなくなるのを惜しんで駅へ向かうという人も多かった。宝塚市立逆瀬台小学校もそのような優れた研究校の一つであった。そこに参加した者からの報告である。

次に大分県の今市小学校での実践、オペレッタ「利根川」の表現活動の提案があった。「利根川」は、総合表現活動の教材で、歌あり朗読あり身体表現ありの、私たちにとっては難問の教材の一つであった。利根川の荒い流れを表すピアノの曲が流れ、その後に「利根川は、今より何百年も前は、いまのところより十キロも北の方を流れていたそうだ」という朗読が入る。その間に川の流れを表す身体表現を入れたり、朗読しながら、どんな動きをするかなどが、創作の問題となる。もちろんピアノ演奏をどのようにするかは、重要な要素である。そこで出された意見は、同じことの繰り返しの感じがするとか、高まる場面と、緩める場面をつくること、声の高い調子を出そうとしていて、詩の解釈を声の調子に入れるまでになっていない、などであった。

次に、歌「大きな石」の提案が出された。この歌は、斎藤喜博作詞、丸山亜季作曲の二部合唱の歌である。

小、中学生に歌わせるときに、詩の内容についても歌曲の面からも適当な歌があまりないということもあって、斎藤喜博の作詞に曲をつけた歌が沢山つくられた。たとえば、「細い道」、「一つのこと」、「川」、「道」、「かしの木」などなど。その中の一曲が「大きな石」である。

大きな石

斎藤喜博作詞
丸山亜季作曲

大きな石もぐんぐんと
みんなで押せば動いていく

石が自分で動いていく
ぼくらも一しょに動いていく

たったたった顔あげて
知恵の実とりに進んでいく
たったたった胸張って
だったただったと進んでいく

斎藤喜博が、自分が校長をしている島小学校の子どもたちに実践している教育への願いや成果を思って詠んだ詩である。

これを歌う子どもたちは、「大きくて困難な課題も、みんなの力で押せば少しずつ動いていく。課題が解決していくのと一緒に自分たちも高みへあがることができる」ということを解釈に入れながら歌う歌である。

大分の教授学研究の会の例会で、田村共栄さんがオペレッタ「大工と鬼六」の実践を、ビデオで発表した。その中で、「大分市の教育研究会で発表したものだが、そのときの参会者たちは、このオペレッタを見ておそらく、すばらしいと言うにちがいないという気持ちで授業をした。しかし自分としては満足できないでいる。胸のふるえがない。やはり野村先生や河村先生の厳しい目の前でやらなければだめだと思った。今日もきびしいことを言ってもらわなければ、やはりよくないと思って出した」と言った。

これに対して佐藤さんが、「現場でこれだけの立派なことをしていれば満足感があるはず。子どもたちも、ゆるみなく喜んで真剣にやっているのであるから、自負を持って、今日は出すべきであって、これ以上きびしさを求めるというようなことを言うべきではない。ここで問題にすると、理論的に解釈がどうのこうのというようなことばかり話し合われて、実践現場にとって意味がない」、というような意味のことを言った。

私は、佐藤さんは田村さんの言っていることが分っていないようであると思った。

スイミーで田村さんの実践は、自分の限界を一応極めたのである。そのときは胸の震える思いがあった。しかしこんどの「大工と鬼六」では、つきあげてくるものがない。それは、スイミーと同じレベルの実践にとどまっていたと田村さんは思ったのである。

参会者が、この程度でも感動するだろうと思ったのは、スイミーのときの自分自身の感動を想像したからであり、田村さん自身には冷めたものになっていて、子どもの動き一つひとつにしても、壁のようなものが見えてきているのである。今このままにしていたら停滞を迎えるだけである。今の田村さんには、この子たちのどこにどう手を加えていったらいいかを模索している段階である。本当に抜け出られないで困っているのである。参会者よりもましな、共同研究者のわれわれにきびしい意見を求めて、高い水準の実践にのぼっていきたいのである。

この頃から、斎藤喜博の関わっていた全国各地の学校研究校の公開研究会や、合宿研究会などへ、大分教授学研究の会から数名ずつ参加していた。教育委員会が認めない公開もあったりして、出張としてでなく、年休を取って参加することも多かった。
学校研究公開校として研究会に参加した学校は次のような、全国各地の学校である。宝塚市立逆瀬台小学校、呉市立鍋小学校、広島県大田小学校、長崎県森山東小学校、東京都瑞穂第三小学校、長野県赤穂小学校、青森県七百中学校など。

合宿研究会等で参加した研究会

1983年	九州一日研究会	福岡市
	夏の全国公開研究大会	群馬県水上温泉
	冬の全国合宿研究会	箱根
1984年	九州一日研究会	福岡市
	夏の全国公開研究大会	兵庫県城崎温泉
	冬の全国合宿研究会	箱根
1985年	九州一日研究会	大分市
	夏の全国公開研究大会	山形県上の山市
1986年	沖縄一日研究会	那覇市
	夏の全国公開研究大会	佐賀県嬉野温泉

1987年　夏の全国公開研究大会　栃木県鬼怒川温泉

そのほかにも、毎年度、開かれているが、私の記録に残っているものだけを記載した。

二　大分市立稙田小学校での実践

大分県では、その頃、一校の在任期間は六年間という決まりができていた。それまでは、中心部の大規模校では、一校に十年以上在任する教師が何人もいた。私も六年間の任期がきて、大分市立稙田小学校に転任した。郊外の学校であったが市町村合併の前は大分郡の中心校であった。全校児童数は八百名ほどの学校であった。校区内には、「おおいたの君」のものとも言われる大きな前方後円墳があったが、盗掘などで荒らされてしまっていた。近くには大分川の支流の七瀬川が流れていて、「ほたるの里」としても有名である。当然、市指定や県指定の研究会も、引き受ける機会が多く、教職員も、その覚悟で転任してきていた。

私は斎藤教授学の実践を目指していたので、研究主任として学校研究を、斎藤教授学の方向で推し進め、学校ぐるみでの実践を重視した。オペレッタで総合的な身体表現を、図工では絵画表現を、音楽では歌唱を、体育ではマット、跳び箱と鉄棒を中心に取り組んでいた。これらは、子どもの可能性を引き出し伸ばす指導が、実践として見えやすいという利点があった。跳び箱を、どの子にも跳ばせることができる指導とか、絵を描く場合も技術的に、下手な絵、単純な絵しか描けない子どもを、思い通りに描くことができるようにする技術とか、歌唱でも、本来子どもには音痴はいないのだという考えでの指導、オペレッタでは、総合表現であるから、歌唱だけではなく身体的創造表現や語り、セリフを、感情豊かに遠くまで届くように表現するとか、指導効果が目の前に見られる利点が、あるものばかりであった。

オペレッタや歌では、ピアノ伴奏が問題であった。音楽の時間もできれば担任が指導することが大切なことであるが、どうしてもできない人は音楽専科に頼んでやってもらっていた。それでも朝の会や帰りの会まで、音楽専科に頼むことはできないので、そのときは、カラオケ伴奏で歌わせていた。また、クラスの中には、ピアノの上手な子どももいたりして、朝の会や帰りの会には活躍させたりした。私の場合も、バイエル七十番ではどうにもならないのであるが、低音部と高音部を単音で弾いて覚えさせ、合唱は伴奏なしでやったりしていた。合唱がうまくいったときは子どもたちも喜んで、よく歌いたがったりした。

オペレッタはとても手に負えなかった。部分部分の歌や語り、セリフは何とか指導できるが、川の流れの表現などは、どうしてもピアノ伴奏でなければならないので、ピアノ塾の先生にお願いしたり録音テープを使ったりした。

ピアノ塾の先生は、担任していた生野君のお母さんで、大学のピアノ科を卒業していて、ピアノ塾を開いていた。小学校の産休代替教員なども務めていて、授業も経験していた。「利根川」というオペレッタを全曲弾いていただいたりした。やはりピアノの生演奏に乗ってやるオペレッタは、子どもの表現にも合わせてくれたりするのでやりやすく、子どもたちも喜んでいた。

日ごろの授業では、あまり発表もしない渡辺君が、荒い川の流れを側転で表現したりして拍手を浴びていた。安部忍ちゃんなどは、国語の漢字が苦手で、漢字テストではいつも悪い点を取っていたが、オペレッタになると俄然やる気になって、積極的に取り組んでいた。この子は、絵を描くのもあまり好きではなく、すぐに飽きてきて、画用紙を地面にほったらかして遊んでばかりいた。学校の庭にある、何十年かたつ古木を描かせたとき、木の幹に触れさせたりして、その感触を大切にしながら描かせたりした。忍ちゃんは、そんなやり方が気に入ったらしく、意欲的に取り組み始め、最後までやり遂げた。絵も、古木の幹のざらざらした感じがよく出ていて、すばらしいものができた。樹木の絵は、全員のものを、写真にとって今も保存しているが、みんな古木らしい太さで描いていて木肌の荒々しさを表現できている。

　稙田小学校に着任して、滝廉太郎の「花」を歌ってきた。五年生である。初めから子どもたちはそんなに嫌がらずに歌ったが、声は出なかった。一人ひとり歌わせていくうちに、だんだん出るようにはなってきているが、腹からのものではない。ただ大声の張り上げである。「口を大きく開けてのどを開け、「あ」は○、「え」は0、「お」は口を尖らせたoなどの口形だ。高い音のところほど、がんばって声を出さないと出ない」などと指導しているうちに、音程の狂うものもいなくなった。

佐藤さんから、近頃の歌い方には、子どもの願いがこもっていない。解釈がなくただ歌っている感じがする。以前は五年生が歌い出すと、二年生がまねをして「はーるのー」などとやっていたのに。最近二年生が五年生の歌に、反応を示さなくなった。五年生が歌い出しても知らん顔をしている。感動が全然伝わってこなくなったからだろう。声が腹の底から出ていない。腹に手を当てて、ろうそくを吹き消すときの要領で息を出させて、その息の出し方で声を出させてみたら、腹の底からの声が出るようになるのではないか、と言われた。佐藤さんから言われたとおりにやってみた。まず、ろうそくを吹き消すようにフーと息を出させた。子どもは弱い息でフーとやっている。「もっと強く息を出さないと消えないよ」と言うと、やっと腹から息を出すようになった。それを何度もやらせながら、歌うときにもそんなふうに、腹の底から息を出して歌わせ、歌の声の出し方をつかませるようにした。「花」の最初の音を「は」で出させてみた。すると、全身を使って声を出しているのがよく分かった。それで、歌わせてみると、低音が目立ってよくなった。声に力があり、音程がしっかりして響きがある。高音も、低い音のときは割り合いよい歌い方ができるが、ときどき腹からの響きのある声でなくなるときがある。「うららの」などがそうであった。特に高い音「かいのしずくも」などはこれまでとあまり変わらない声の出し方で、気張って、口先だけの声になっている。「腹からの声」と注意すると、とたんに次の音がよくなる。まだ、この歌い方に慣れていないために、つい今までの歌い方になってしまうのかもしれない。

三　合唱団での学びを教育現場に生かす

一九八五年四月「大分第九を歌う会」合唱団に入団する。これまでは娘が合唱団で歌っていたのを年末ごとに応援してきた。「第九の歌」を聴くたびに自分も歌いたいという気持ちが強くなって入団することを決意した。「第九」というのはベートーヴェンの作曲した「歓喜の歌」として知られる名曲である。

「大分第九を歌う会」は、別府市に村津忠久さんという優れた指導者が居て団員を募集して始めた合唱団である。最初は百十二名で出発した合唱団であったが、今は二百名に達するまでになっている。私が入団したのは、第九回公演という記念すべき年の公演のときであった。

最初は、地元大分の演奏家の指揮で歌っていたが第二回公演からはフォルカー・レニッケというドイツの演奏家、第五回公演からは、九州交響楽団の指揮者、黒岩英臣先生を招いて演奏するようになる。

私は、黒岩英臣先生には六回に渡って指揮を受けることになる。黒岩先生は、前に立っただけでもう違っていた。この人とならよい歌が歌えるのではないかというようなオーラがあった。私のようなずぶな素人にも歌わせる力を持っている人であった。

最初の練習のときは、駆け上がるように演壇に上がりすぐに「さあ、歌いましょう」と挨拶抜きでいきなり歌に取り掛かった。非常に歌いやすい指揮である。一人ひとりの声が引き出されるような歌わせ方である。

斎藤喜博にも、このような雰囲気がある。前に立つだけで何事かが起きるのではないかという期待感を抱かせるものである。ありきたりの挨拶など抜きにして本題にすぐ入る話し方である。話の内容は具体的で分かりやすく、すぐにも自分でもできてしまいそうなものである。

黒岩先生の指揮も、指摘が具体的で私たちの歌声が、その指摘のたび毎に変えられていった。

「第九を歌う会」のリーダーである村津さんは、自分の家をスタジオにして「クールあおやま」という合唱団を持っている。「第九を歌う会」も、この合唱団を基にして生まれたものである。村津さんという人も、リーダー性を強く持ったカリスマ性のある頼りがいのある人である。

教育にもこういう強いリーダー性が必要である。学校を組織していくにもカリスマ性が必要である。私は、村津さんに強い憧れの気持ちを持っていた。学校の中でもこのカリスマ性を存分に発揮できたら、どれほど楽に学校づくりができるか分からない。そのためには授業の力をつけなければならない。

「大分第九を歌う会」にも、私が勧誘して誘い込んだ人たちが八名いる。この人たちは私の歌う姿勢に共鳴して、一緒に歌おうと思ってくれた人たちである。皆、勤務する学校は違っていた。教育の場合は、同じ職場の中に同じ思いを持って実践していける人が多いほど、学校全体としてはまとまって実践していける。

リーダーとしての素質の必要性についてもコーラスのリーダーから学ぶことが多かった。

私は「クールあおやま」合唱団にも属し「アーメンコーラス」、「メサイヤ」、「ハレルヤコーラス」、ショスタコービッチの「森の歌」、組曲「風の子守り歌」池辺晋一郎、「旅」佐藤眞、「蔵王」佐藤眞、「大地賛頌」佐藤眞、「花に寄せて」新実徳英、「大阿蘇」団伊久磨、「遥かなものを」大中恩、混声合唱「日本の愛唱歌」などを歌ってきた。

ソプラノ、アルト、テノール、バスがそれぞれのパートで最高の声を出すと共に、それぞれのパートが他のパートとの調和を保って初めて合唱が成立する。その合唱が輝きを放つにはパートの歌唱力の高さが必要であり、その上に組織された全パートの調和が保たれた組み合わせが重要になる。パート毎の切磋琢磨による磨き合いがある。

学級・学校の組織化も同じことが言える。クラスや学年がそれぞれの分に応じて優れた力を持って、それが組織され連携する関係があれば学校全体として非常に高い内容を持ったものになる。

それぞれのパートの力を高めるためには歌の曲想や歌詞の持つ意味、作者の歌詞に込めた想いを理解して表現していくことが重要になる。

「第九」の場合、歌詞はドイツ語であるため歌詞に込められたベートーヴェンの想いが歌う我々に表現できないで、たびたび各指揮者から注意された。フロイデの「フ」は息だけで出す。トホテルの「ホ」は、のどの奥からの息で出す。エリージウムの「リー」は強く発する。バスデイモーデの「バ」は唇を噛む、等々であった。

「第九」の公演では、ヨーロッパでの歌の街ウイーンにも行くことができた。初演は一九八五年十二月のことである。これも初演のときはなかなか受け入れてもらえず、交渉に当たった方々の苦労は大変なものであったようである。日本人の第九演奏についての評価がすごく悪くて受け入れてもらえなかったものを、団員の中でウイーン留学の経験者、野崎哲先生、宮本修先生、北村宏通先生、その他関係者の方々のご努力によってやっと叶えられたそうである。初演のときの公演会場は、古い城の一つであるホーフブルグ宮殿であった。しかし観客は多く熱狂的で公演が終わったあとも、観客が全員立ち上がって大きな拍手をいつまでもやめなかった。そのため私たち出演者は壇上から降りることができず何度もお辞儀ばかりして観客が去るのを待った。しかし観客はなかなか去ってくれないため、とうとう観客の中へ降りていくことになった。それでも観客は通り道を開けてはくれたが両側から、私たちが去ってしまうまで拍手を送り続けてくれた。

第二回公演からは、ニューイヤーコンサートなどで有名な楽友協会ゴールデンホールで演奏できるようになった。これまでウイーン公演は五年ごとに四回行っているが、私は第一回目と第三回目の二回参加した。

ウイーンで歌えるということは、ウイーン市民に、それだけの価値がある公演ということを認めてもらえたということで、公演する者にとっては大変に名誉なことである。

四　大分大学現職教育講座に学んで

野村新先生は、一九八二年（昭和五十八年）六月四日から各週金曜日、午後六時から九時まで私たち現場の教師を中心に、「現職教員に対し授業、特別活動等の実際に即した教授学の実践的研究と指導を行い、現職教員の指導力を高める」という目的で「現職教育講座」（正式名は「大分大学公開講座」）を開き、この講座を終了した者には、修了証書を交付してくれていた。これには、現場教師だけでなくゼミの学生も何人か来ていた。講座内容は、歌唱、オペレッタ、跳び箱、マット運動、身体総合表現、朗読、詩の模擬授業、講義などであった。人によっては毎年受講する者が多く、野村先生は講座の経験者には、初めての受講者を指導する立場に立たせて、それによって実力を体得させた。そのことによって経験者も初任者もそれぞれ深く修得することができた。そのため受講料を支払ってでも継続して受講した。

われわれ現場人にとっては非常に役に立つ講座、研究会であったために、参加者も多く三十七名とか多いときには五十名も参加したりした。先生の指導は非常に厳しく、午後六時から九時までの三時間であったが、夜間にも関わらず熱心に参加していた。欠席する者はほとんどいなかった。

参加者のAさんなどは、先生の指名を受けて、山村暮鳥の詩に曲をつけて、即席で歌うように言われ、苦笑しながら、それでも上手に歌った。「後で、もう一回同じように歌えと言われても歌えないなあ」などと言いながら。みんな指名されないように首をすくめていた。

跳び箱などは、現職教師でも全く跳び越せない者もいて、その人をいい教材にして、いかにして跳ばせるようにできるかの指導材料にした。その中で、低学年からの指導の重要性などを学んだ。一年生、二年生、三年生でカリキュラム通りの指導ができていないと、高学年になってできない子をつくることになることが身にしみて分かった。

現職教育講座では、特に、授業記録をとって自分の実践した授業について、発問の構成や子どもの発言に対する教師の対応の仕方の適切さなどを具体的に検討することを勧められていた。これは、四十五分間授業をしたものを録音して、それを記録に残していくのであるから大変な労力と時間が必要であった。私はできるだけ実行して、その何枚にもなるプリントをそのままみんなに配って提案したりした。今考えると、自分で分析した結果を要点だけを提案すれば、みんなも読み易かっただろうと、自分の愚かさ加減にあきれるばかりであるが、野村先生ばかりは、この愚直な行為を取り上げて評価してくださっていた。

かって私の取り組んだ授業の記録を読み返してみると、他人のものを見るように、客観的に冷静に見ることができる。稚拙な発問の一つひとつについても、自分のものながら、なぜこのようなつまらぬ発問をしたのだろうかと、不思議な気さえしてくることもある。授業の本質が全くみえていなかったということも分かり、いまさら改めて授業に挑戦してみたい気になったりする。その頃も、教材解釈を最も重要なものであると考えて、時間をかけて解釈をして、授業に臨んだが、単に教材を解釈するにとどまっていて、クラスの子どもの状況や一人ひとりの子どもの実態に沿ったものとはなっていなかった。教材解釈を子どもの理解に立ったものまでに、深め得なかったのである。したがって、教材解釈をすればするほど教師のひとりよがりのものとなり、授業は硬く息のつまるような、柔軟性のないものになっていった。

子どもたちは、それでも、とても素直に考え、素直に発言をしているのであるが、教師の方は、その発言を生かして取り上げることができなくて、逆に追い詰めるようなことを繰り返すのである。

これは、子どもたちを教師がどのように捉えているか、どのように見ているかということに関わっている。教材については深く解釈を持ち、課題の設定や発問の構成は万全にできていたにしても、そこで、目の前の子どもの状況が正しく捉えられ、それが本物になっていなければ、授業は冷たいものになってしまう。

担任であるから、自分のクラスの子どもについては、よく分かっているなどと考えているのが間違いのもとである。子どもについて、偏った考えや判断に立って理解し、それが、柔軟さを欠いた固定的なものとなって、教師の体の中に染み付いており、それを自覚していないことが多い。

真に、子どもの可能性を信じ、子どもを温かく見ていくことがいかに難しいことか。子どもを目の前にして、常に、可能性を豊かに秘めて、限りなく広がり、限りなく高く伸びる力を持っている存在として、大きな期待をかけて授業をしたことがあっただろうか。自分がやってきた教材解釈の、そればかりを頼りに子どもたちに問いかけ、教師の望む答えを引き出すことに意を注ぎ、子どもを追い詰めていた。そんな授業を私はしていた。

次の授業記録は宮沢賢治の「やまなし」の記録の一部である。

「やまなし」の授業では、必ず、クラムボンとは何なのかが議論される。これは意味のないことだと考え、それをさけるための決め手となるものが「死んでしまった」という言葉であると考えた。私はクラムボンを「虫」だと解釈し、「しまった」を、たくさんいたクラムボンが全く姿を見せなくなった状態を表す言葉として授業に臨んだ。

T　そのときにね、「死んでしまったよ」とだれか言っていますね。ちょっと見てごらん。どっちが言ったんでしょう。

C　弟じゃねん。（一斉に）

T　これはどういうことですか。「しまった」

（「しまった」を問題にして、全てのクラムボンが見えなくなった状態を読み取らせようとした。）

C　（くちぐちに）もう完全。みんなが。見えん。など。

T　W君　（指名）

（W君は、いつも積極的に発言はするが、思いつきで的はずれの答えが多かった。しかし、ここではよく考えていた。）

C　死んでしまったよ、じゃけん、生き返らんとか。

（W君の発言したことは、授業を展開する契機になる答えである。しかし、教師はそれを生かす方向での取り上げ方をしなかった。）

T　その前は半分生きちょったんかえ。

C　死んでしまったよ、じゃけん、もう生き返ってこない。

（W君は、再び「しまった」というのは、もう生き返らないことなんだと主張している。しかし、教師はくどく同じことを問い返すだけで、W君の発言を生かすことは考えていない。）

T　だから、その前は半分生きちょったんかえと言っている。

（教師は、あくまで「虫」ということだけにこだわっていて、その方向でW君の発言を取り上げようとしている。W君はここで発言をやめている。W君は自分の発言したことが授業の中に正しく位置づけられていくことを望んでいるのである。また、そのように自分の発言が生かされたときに、W君はこの学習に参加していることの喜びを最大限に感じ、次の学習への意欲を湧かせるのである。教師は、そのW君の期待を裏切った。だから発言をやめてしまった。）

C　クラムボンがな、あわで割れたとしたらな、沢山ふえるんじゃないかな。パーンと割れるじゃろ、そうすると水の中にあわがいっぱいできる。

T　そうじゃ、だから「死んでしまったよ」というのはどうなるの。あわじゃないことになるな。

授業の中で子どもたちは実によく考えて発言している。しかし、教師はそれをすばらしいことだとは思っていない。自分の意図にそぐわない発言を、つぶそうと懸命になっている。ここでは子どもたちの生き生きした姿は教師の目には映っていない。思考の柔軟さや、真剣に思考を働かせている子どもたちの、本当の姿がみえないでは、子どもの力を引き出して、授業を生き生きとした活力の満ちたものにしていくことはできない。

なぜこのようなことになっていくのか。教材解釈を、子ども理解まで深めたものにできていない。それは、教師が子どもに寄り添っていないからである。子どもの側にいないで、子どもに対しているのである。W君に寄り添って教師も考えていたならW君の発言の意図が汲み取れるはずである。

W君は「死んでしまった」ということを「もう生き返らない」ととらえている。これを教師はもっと素直に受け止め、取り上げてやることで、W君も自信を持ち素直に考える子どもになっていくであろう。

授業により子どもの力を引き出し高めていくというとき、単に言葉の解釈力を伸ばすだけでなく、授業への意欲や集中力、自信といったものから、素直さや、友達に対する尊敬の気持ちや、協力して一つのことを解決していくときの連帯感なども、引き出し高めていかなければならない。

そのような授業は教師が子どものすばらしさを信じていなければできないことである。

五　子どもに寄り添う教育の実践

私は高学年の担任が多かった。五年生、六年生で、逆上がりができない子が多かった。指導書には、補助器具を使ったり人が補助したりしてやらせるようになっている。しかし、そのとおりにしても、なかなかできるようにはならない。一年生を担任する機会がやってきた。初めての低学年である。鉄棒で、「あしぬきまわり」という教材があった。一年生には、「……あそび」という教材が沢山ある。これも、「てつぼうあそび」と考えて、一年生が鉄棒に慣れ親しむまで、どんな形でも鉄棒で遊ばせればよいと軽く考えて、「おさるさんあそび」などもやらせていた。五・六年生で逆上がりをやらせると、わずかの者であるが、鉄棒の上でぶるぶると震えだしたり、こわがって飛び降りたりする者もいた。また、逆上がりで足が鉄棒に触れるまであがらない腹筋の弱い子どもが多くいたりした。

鉄棒をこわがったり、ボールをこわがったりするのは、子どもの性質からの問題などとは言えないことであると考えるようになった。「あしぬきまわり」は単なる遊びではなく鉄棒運動の基礎的な運動であったことに、遅まきながら気がついたのである。足が鉄棒にとどくまで上げる力、腹筋力を付けるためにも「あしぬきまわり」は絶対に必要な教材であった。高学年になってもボールをこわがって逃げ回ってばかりの子どもは、やはり、一年生の「ころがしドッジボール」の指導に、その原因があったのである。低学年を担任して、初めて分かることが、このほかにも沢山あった。できない子どもをできるようにするには、低学年からのカリキュラムを、丹念に調べてみることが大切であるということも分かった。

できない子をできるようにするということは、大変なことである。多くの場合、運動神経のせいにしてしまっていたり、その子の能力のなさにしてしまったりするが、そんな、単純なことではないことに気づかなければならない。教師の指導によっては、どの子もできるようになるということは、できない子をできるようにしてみて、初めて、分かることである。できたという事実を見て、実感となるのである。他人がやっているのを見ても、どこか納得しない頑迷さというのがある。体育で優れた指導をしている学校の子どもを見ても「あれは、相当時間をかけて指導したからできたことだ」「あれは、名人のしわざだ」などと、できないのは、どこに原因があるのかを、はっきりと指摘できるのであれば指導は簡単である。ふつうの場合、何が原因かつかめないことが多い。そこにはもう、やってみるしか方法はない。試行錯誤である。今の私には、できない原因など見抜くことはできない。できることは、自分の考えている方法でやってみることである。あれが悪ければこれとやってみる。しかし、その方法さえもあれこれと選べるほど持っているわけではない。一つの方法を試しているうちに、ふと別の方法を思いつくことの方が多い。そのことを、常時気にかけていれば何をしていてもヒントやきっかけはつかめる。とにかくできるようにしてやりたいと思うだけである。その子には、できる力はもともと備わっているのだと自分に言い聞かせているだけである。

子どもをどう育てていくかということより、今私にとって問題なのは子どもの内に持っている力を、いかにして出させてやるか、ということである。「芋づる式に、いいものを引き出す」そのつるの端を捕まえたいと願っていた。算数のできない子を、できないままにしておかないで、できる子にしてやる。高い声が出せない子を出せるようにしてやることのみを願っていた。しかし、このことは、全て、教材の本質に関わることであるということが、分かっていなかった。分数ができない子をできるようにするには、分数という教材の本質を捕まえていないと、できないことなのである。跳び箱も同じである。跳び箱の本質とは何なのか。それは、「リズム」である。

教材を深く掘り下げていく方が、遅れている子を救えることもあるのではないだろうか。夢中でやっている授業の中に原則がある。いい結果が出たということはそこに、原則がふまえられているからである。

ひたむきの願いがあれば、子どもの力を、何とかして引き出すことができる。そして、子どもの力を引き出すことのできた授業には、指導の原則がある。その願いを、正常な方向に向かわせるために、教材解釈が必要である。現職教育講座や教授学研究の会で学んだ原理・原則がそれを可能にした。それは、オペレッタの構成、演出や表現活動においても同様である。

五年生が楽しい発表会でオペレッタ「かたくりの花」を発表した。まじめに真剣に取り組んでいるので、好感の持てるものであった。何よりも一年生、二年生という低学年の子どもたちが、あの、むずかしい言葉の頻繁に出てくる、朗読や歌を静かに熱心に聴いたことが驚きであった。やはり、内容のあるものを、全力で演じることが人々をひきつけてしまうのであろう。

次の作文は「かたくりの花」を演じた五年生のものである。

「かたくりの花」は大きな思い出

五の二　河野　真樹子

「かたくりの花」て何だろう。どんな花かな。何色かな。先生は、すみれの様な花だと言っている。色は赤でくきはかぼそく、今にも倒れそうな感じだそうです。

私がかたくりの花のことを初めて知ったのは、楽しい発表会で五年生が、オペレッタをやることになり、その題名が「かたくりの花」であったことがきっかけでした。

このオペレッタをしている時、かたくりの花とはどんな花かが、分かるようなきがしました。かたくりの花は、四月の初めの、ほんの少しの間だけさいているそうです。そして、今はもうわずかになってしまったかたくりの花が、どこにでもさいているといいのになあと思いました。

このかたくりの花のオペレッタの練習も毎日欠かさずやりました。学年集会のときや給食前などにも集まってしまいました。時には、授業時間をつぶしたりしました。みんな真剣に練習したものでした。そして、ついに発表会の日がきました。

私は、全校の人達の前に立っただけでも、緊張してしまいそうでした。ステージに立つと、思ったとおりに体がかたくなってしまいました。でも、歌い始めると歌に集中したからでしょうか、あがったようには思えませんでした。私は、かたくりの花を自分で想像しながら、声をせいいっぱい出して歌いました。

私は、みんなの代表として重唱もしました。ほんとうは高音と低音に分かれて二人で歌うはずだったが、高音二人、低音三人でやりました。私は高音をうけもっていました。今日の「かたくりの花」のオペレッタはとても上手にできたと思いました。練習したことがみんな出せて、合唱するときもすばらしかったと思います。やっぱり練習を毎日毎日してよかったなあと思います。なんだか、六年生よりもじょうずにできたようにも思えました。

むずかしいところもありました。そこは、ぐっともりあげるところや、人をひきつけるところでした。ほんとうに、人をひきつけるというのは、むずかしいものです。私にはそこがまだ十分にはできなかったと思います。

私は、あらためてかたくりの花を見たくなりました。だいたい想像で表しているけど、やっぱり現実の花が見たいものです。かたくりの花を見ると、今まで以上の力が、はっきできるのではないかと思います。

私は、「かたくりの花」を歌っている時、かたくりの花が、まんかいに咲いている所を思い浮かべました。きれいだろうなあとも思ったりしたし、むすめたちが、花をかこんでかたり合っているんだなあとも思いました。けれど、そこでもかたくりの花がわずかになってしまったそうです。人がふみつけたり、とりつくしたりしたからだそうです。私は、だからかたくりの花を知っている人が少ないんだなと思いました。わたしはもう「楽しい発表会」が終わったけれど、もっとかたくりの花について知りたいと思っています。

第三章　私の学校づくり

～「生命体・人格体としての学校の組織化」～

私は、教頭になる早々から学校の組織化に取り組んだ。その頃教頭の重要な仕事として事務的な仕事があった。有能な教頭と言われていた人は市教委から次から次に送られてくる書類を、いかに素早く的確に処理できるかということを果たせる人であった。特に手書きで報告文書を提出するのを嫌ってワープロで書いたものを提出することを良しとする風潮もあった。そのためわざわざワープロを個人で買い込んで練習したりする者もいたが、これは、ワープロを使いこなして報告文書にするのに慣れるまで非常に時間がかかった。失敗続きで午前中そのことにかかりきりというようなことも起きた。私は、手書きで通した。字は下手であったが素早く仕事ができることが私には大切なことであった。できるだけ時間を作って学校の組織化のため授業に関わることを最優先にしたためである。最初にしたことは六年生と歌うことであった。六年生が歌によって五年生以下の子どもたちを魅了することを念頭において取り組んだ。六年生には、あなたたちの歌がとてもうまいかどうかは一年生が決めてくれると言って励ました。それは、体育館で一番前に座っている一年生が騒ぐのをやめて聞き入るほどに歌がうまかったらあなたたちの勝ちだということであった。実際にもそのようになって六年生は、自分たちの歌がうまいのだと自信を深めたようだった。これは担任が、子どもが自慢していると話してくれたことで分かったことである。

斎藤喜博は、学校・学級の組織化ということを非常に重く捉えていて、そのことを著書にも述べられている。一般の学校で、学校・学級の組織化が進んでいないことを挙げて、その重要性を説かれているのである。一つの校舎の中に一年生から六年生までいながら、それが各クラス間でも交流もしないで日々を送っていることの不思議さは誰もが信じることはできないであろう。そして、その交流で生まれる効果の絶大であることも、斎藤喜博教授学の研究校での実践で証明済みである。私も多くの公開校に参加してその効果を体験して自信を持って取り組んだ。特に、生命体・人格体としての学級・学校集団の組織化ということころまで高めていくことを目標にして取り組むことが重要である。

一　大分市立三佐小学校での実践

大分市立三佐小学校は、大分市の東部に位置する鶴崎地区にあった。鶴崎臨海工業地帯の中にあり、三佐地区の中にも大きな化学工場があった。近くには、石油コンビナートや新日鉄大分工場も展開されており、父母もこれらの企業や関連会社に勤務している人が多くいた。

三佐地区は、もともとは漁村であった。今でも校区内に古びた漁港が点在しており、その近くの家は砂の上に建てられていた。

小学校も、たまには工場群の出す煙や悪臭にも襲われることもあった。児童数は三百人ほどの中規模校であった

三佐小学校には、教頭として二年間、引き続いて校長として二年間、計四年間勤務した。この間に取り組んだのは、学校全体の組織化であった。一年生から六年生までを交流させ、その優れたところから学び合うということをねらった。そのため取り組んだことは、学校行事を重視することであった。体育朝会、音楽朝会や運動会、ファミリーPTAという授業参観日、などを充実したものにしていった。

校長が出張で不在のため、教頭の私が、朝会のとき話をしなければならなくなった。

私は前々から、子ども賛歌ということを描いていた。自分の担任の子どもや、自分の学校の子どもの美しさやすばらしさを沢山見つけて、取り上げていきたいものだという気持ちである。

もし、すばらしさや美しさを見い出せないような子どもであれば、そのような子どもに育てていないのだということになる。

三佐小の子どもたちにも、きっとすばらしいところがあり、きらきら輝くようなものを持っているはずである。それが、ほんの瞬間であっても、部分的なものであっても、見逃さずにとらえていくことが重要であると考えている。

四月の最初の朝会のときから、六年生の並び方がすばらしいことに気がついていた。私は、そのことを取り上げて、美しさについて話した。

六年生の並び方を、全校の子どもたちに見せた。「前へならえ」をしたとき、指先から前の人の背中までの間が開いていること、そのために一人ひとりが、きちんと立っている感じがあり、全体として見たとき、美しく、ゆとりがあること、このような並び方が美しい並び方であることを話した。

美しいということは、形がよいだけでなく、気持ちの面からも、ゆったりとして、気持ちがよいものであることを話した。

特に六年生について、多く、すばらしいものが目立つようにしていきたい。六年生がすばらしいものを、沢山持つことによって、全校が、すばらしい子どもたちに充ちてくるようになる。

私は、六年生に折りあるごとに歌を歌わせていた。次のものは、子どもの日記である。担任の教師が、私のやっていることに共鳴して、私と六年生に関する日記や作文などをコピーしてくれていた。

今日、音楽の時、教頭先生がきて、いっしょに授業をした。教頭先生は、口のあけ方など、よく教えてくれた。「おぼろ月夜」は、低音がむずかしい。何回もまちがえていたけれど、声はちゃんとだしていた。最初から通したとき、一段目と二段目は声がしんけん出ていたのに、低音になると、急に声が小さくなり、私も小さくなった。私は、低音はだいたいわかった。今月の歌を歌ったとき、みんな声がよく出ていた。

歌の中で、「まっ赤に流れるぼくのちしお」のところになると、教頭先生は、声を大きく、手は頭より高くあげたりして指揮をしたので、私と留美ちゃんは、しんけん笑った。今日は、高い声もよく出た。五年のときより、しんけん高い声が出るようになった。歌っているとき、しんけん声を出してうたえて、とても気持ちよかった。

清水　好美

（担任のコメント）歌は気持ちよく歌えることが一番です。好美ちゃんも歌の楽しさがどんどん分かってきたみたいですね。

校長になって、ＰＴＡ総会で挨拶をした。学校づくりでは保護者の力が絶対必要である。保護者を学校づくりと同じ方向に向かって協力させることができれば、これほど力強いものはない。学校をとりまく人々の力を組織して、学校づくりを活性化していくことを考えた。

……三佐小学校の子どものすばらしさは、すなおであること、秘めた力が大きいこと、何でもできる力を持っています。底抜けに明るい子どもが多いことです。保護者の協力も大きく、教師が仕事をやりやすい。信頼して見守ってくれています。

そんな中で学校としては何をしていくのかということですが、子どもに力をつけて何でもよくできる子どもにしていくのです。できない子をなくします。できない事をなくします。今子どもたちが持っている力を高め、力を伸ばします。そのために運動会やファミリーPTAをやっています。ファミリーPTAは、毎年同じことをするから見に行かないという人がいます。保護者を楽しませるための学芸会のようなことをしているのとは違います。三佐小学校の子どもに力をつけるためにしているのです。同じ歌だけれど、去年よりも今年は、こんなに立派に歌えるようになったよ、こんなすごいこともできるようになったよ、というのを見ていただきたいと思います。

皆さんがそれを見に来てくれることで、日ごろは出せない力がここで出せるんです。子ども本人が自分の力にびっくりするんです。「僕には、こんなすごいことをやれる力があったんだ」と思って「それじゃあ、もっと頑張ってみよう」という気になる。保護者が見に来てくれるということは、そんな、誰も信じられないようなことを、子どもたちに出来させてしまうためです。

日ごろは何もしないでおいて、こんな事はできません。毎日毎日受け持ちの先生と格闘しながら頑張ってやってきているから、皆さんの前で、信じられないようなことが起きるのです。子どもたちに大きな感動を与え、親も教師も、子ども本人さえも信じられないような、すばらしい力をつけていく教育を、私たちは、全教職員が一丸となって取り組んでいきます。皆さんのいっそうの応援をお願いします……。

ファミリーPTAでの子どもの発表を前にして、保護者へファミリーPTAの発表会の意図を訴えた。これも保護者の組織化をねらったものである。

……今日は、三佐小学校の子どもたちのすばらしい姿をごらんいただいていることと思います。あれが、本当にうちの子だろうかと思いながら、見ている人もいるのではないでしょうか。

三佐小の子どもたちは、もともと、これだけのすばらしい力を持っているということです。しかし、その力も何らかの方法で引き出してやらないと、かくされたままで終わってしまうことになります。三佐小の先生たちは、ファミリーＰＴＡへのだしものによって、子どもたちが隠し持っている力を、引っ張り出してやろうと、大変な努力をしてきました。その結果が、今日の子どもたちの姿です。

今日の子どもたちは、みんな顔色がきれいで、かわいい顔をしています。これは全員が、自分の持っている力を出し切った満足の顔です。

このようないい顔の子どもたちになったのは、練習の途中でいろいろな困難なことを、乗り越えて、今日の歌や劇をつくりあげてきたからです。こうなると、歌なんかと、馬鹿にできません。歌によって、人間がこんなに美しい姿につくり変えられる力があるのです。歌にしても劇にしても、練習なんかしないでも、できるような安易なやり方をしていたのでは、こんないい顔にはなりません。できそうにもないようなことを、先生から言われて、それをがんばってやり遂げてきていい顔になるのです。

六年生も四年生も、作文に書いています。初めはこんなむずかしい歌は嫌だと思ったのです。それが、こんなすばらしい歌をつくりあげてしまうのですから、やっぱり三佐小の子どもたちは、すばらしい子どもたちです……。

二　学校づくりの上での問題点の克服

学校の持っている組織の力を使い、学校の機能を十分に発揮することによって、子どもの持つ無限の可能性を引き出していくのが目標である。

まだ、子ども一人ひとりの力を引き出し高めるための仕事をしていない。学校を生きた組織体として捉え、組織していく仕事をしていない。授業をすると、すぐワークシートを使う。きれいな絵を出す。カードに書いた答えを貼る。現在の教材研究は、子どもがいかに活動するか、子どもの興味をいかに持続させるか、いかに教師の意図したとおりに学習を進めさせるかを考えるようである。

授業をするとき、第一に考えなければならないことは、教材解釈である。なぜ、今の、この子たちにこの教材なのか。この教材の持つ意味は何なのか。この教材によって子どもたちに、どのような力をつけることができるのか、ということが重要なのである。次には意図した指導内容を一人ひとりの子どもの中に定着させることである。この点が、今の現場ではすごくあいまいにされている。個人差を生かす指導、能力に応じた指導、個性を生かす、自主的な学習態度を育てる、自発性を育てる、主体性を重んじるなど、教師の指導力のなさをカバーする言葉が、自在に使われている。実際の指導の場では、逆上がりができないのは子どもに運動能力がないからだとか、あの子は能力の低い子だからできないで当然だとか、特殊な子だからしなくても仕方がないとか、歌が下手なのは音痴だから仕方がない、などとできないことを子どものせいにして見過ごしてきた。

できない子はいないということを現実のものとして、教師が実感することが必要である。それは、そのような場を何度も体験することである。どの子にもできさせることができるということを、自分の目の前で見ることである。教師が、子どもの無限の可能性を信じるということは、体験によって現実のものとなる。歌でもよい、鉄棒運動でもよい、絵でも、跳び箱でも、どれかを使って、クラス全員の子ができるようになる経験をすることである。

教師一人ひとりが、組織者としての仕事をしなければならない。自分の仕事を中心にして、他の人と結びつきをつくっていくことである。自分のやっていることを人に見てもらうだけでいい。私はこんな事をしてみたがどうだろうかと聞くだけでもいい。自分の周りの人に働きかけて、仕事について共通の話題をつくっていくことによって、自分一人でやっていたときよりも、新しい世界が開けてくるはずである。絵の指導でもよい、国語の指導でも、歌でも、体育でもよい。自分の実践を見てもらうだけで組織者になれる。そして、みんなの指導力を高める役目をし、自分の指導力も飛躍的に高まる。子どもも組織していかなければならない。ある子の学習の成果はその子のみのものにしてはいけない。教師が取り上げて他の全員に見せることによって、影響を受け刺激されて、自己発見をし、他者発見をし意欲を湧かせる子もいる。自分に自信を持つ子もいる。子ども同士の交流を起こすことで、自身の力を超えた力を引き出させることができる。このような仕事をしていくことが、学校の機能を十分に生かした仕事をしたということになる。

六年生が「荒城の月」を歌ったが、なにかものたりなさを感じた。新しい世界、これまでに経験したことのないこと、想像の中にしかないものを私は求めている。

子どもたちに、歌を歌わせているのも、このことのためであった。月の歌を、毎日同じ調子で歌わせることに、反発を感じ、嫌悪感を持つのも、オペレッタをすることに執着を感じるのも、体育で逆上がりや跳び込み前転をやらせたいと思うのも、このことのためであった。これまでに経験したことのない、未知の世界に飛び込んでみたいという欲求からであった。

これまでに経験できたことを再現できたとしても、それでは満足できない。これまでに経験できたこと以上のことを創り出していきたい。そんな欲求がたぎっている。私の内にある、そのようなものに、私は気づいていなかった。このような私自身の思いを自覚していなかった。

学級担任に、いろいろな要求を出してきた。それは、潜在的な私の欲求からのものであって、鮮明な自覚の上でのことではなかった。したがって、何かふっきれないものがあり、押しの強さのようなものが出せず、相手から反発されるとすぐ引き下がっていた。

これまでの実践にも、ある程度の成果は上がっているという自信はあっても、大きな喜びを味わうことはできず、どこかに不満が残って、はがゆさを感じ、なぜだかいらいらとしたものを持っていた。それがなぜだかはっきりしなかった。

六年生の「荒城の月」に、むなしさを感じたのも、私の求めている新しい世界に至っていなかったからである。

校内研修のあり方として一人ひとりの子どもに実力を付けさせる、という実践目標を実現するためには、授業の力量を向上させることが重要である。それと共に重要なこととして、子どもたちの一人ひとりが、内に秘めて持っている力を、教師が信じるということである。

授業の力量を高める方策として校内研修をやっている。しかし、これは目に見えるような成果を挙げることは大変むつかしい。提案授業の割り当てを消化することを校内研修と考えている向きもあるくらいである。それはなぜか、教材解釈が非常に重要な要素となっているからである。課題の立て方、発問、子どもの学習の展開のさせ方などの、指導法のすべてが教材解釈に関わっている。国語や社会、算数、理科というような教科を、研究教科にとりあげて研修をやっている学校が多いが、これらは特に教材解釈が授業のすべてを左右する。しかし、担任している学年以外の教材については教材解釈をほとんどしない状態であるので、全員の力を結集して教材解釈の力を高めることにならないのである。授業を提案する学年の教師だけが、熱心に教材解釈をして、他の者は、その解釈を聞くだけということになる。授業を提案する教師以上の解釈を持って初めて、教材解釈について、意見を交わすことができ、解釈を深め合うことができる。

ここに、校内研修での授業力の、向上の効果をあげることのむずかしさがある。

歌や体育では、授業の力量の向上が見えやすい、という利点がある。これらは、厳密には教材解釈が、やはり重要な要素となっているのであるが、どちらかというと技術を身につけさせるだけで、ある程度、子どもの実力を上げることができるという利点がある。

歌や体育では、こんなふうに指導したら、子どもがうまく歌えるようになった、ということが見えやすい。そのことから、子どもが、内に秘めて持っている力を、出させることができ、全員の子どもの歌声を、きれいなものにしたり、全員の子どもに、逆上がりができるようにしたりすることができる。教師は、自分のクラスの子どもたちについて、そのようなことができると、子どもの可能性ということを、現実のこととして見るようになる。無限の可能性など、教育の理想の姿として見ていたものが、自分の目の前で、子どもの上で起こった事実によって、真に、子どもたちに無限の可能性があり、それは、教師の指導によって引き出されるものだということが分かる。そして、歌や体育によってできたことを、国語や、算数でもやってみようと思うし、国語や算数でも、可能性を開くことができるということを、信念として持つようになる。

子どもはファミリーPTAの発表会を体験したことによって、力を付けてきている。その子どもたちの高まりを、これからの指導で維持していくことは、容易なことではない。日常の指導をどのようにしていけば、発表会の中で引き出され高められた力を、なお引き上げていくことができるのかということが私たちの課題である。

1　発表会で、どのような力が引き出されたか

〈教科の学力〉

歌う力やマット運動の前回りの力。これらの力はどの子にも付けられているということが重要な意味を持っている。

歌がきらいだとか、体育がきらいなどと言ったりする子がいるが、それは、きらいにさせられていると考えた方が正しいと思う。できないからきらいというのであって、本質的にきらいな教科などないと言える。

〈集中力〉

歌うとき高い音程の声を出そうとすると、体中をそのことに集中して動かさないと、思うような声はでない。口だけではなくて足の先から頭のてっぺんまで、ありとあらゆるところを使って声を出す。マットの前回りのときでも、手をつく位置、目の位置、足の伸ばし方、転がりそうなのを耐えて一瞬体をまるめて転がるタイミングなど集中の場面ばかりである。

〈自制心・自立心〉

力いっぱい大きな声で歌っていたかと思うと急にやわらかく細い声にしたり、低音の声に対応して自分の声の大きさを考えたり、早く転がりたいのをがまんしてゆっくりまわるなど、細かく神経を使って表現している。

〈向上心・努力〉

六年生のいい合唱を聞くと低学年の子どもたちはそれに憧れて、私たちも、あんな歌を歌いたいと思う。きれいな開脚前転を見ると自分たちもやってみたいと思う。そして、声のよくない子も、体の重い子も、合唱や開脚前転に真剣に取り組むようになる。できるようになりたい、よくなりたいと全員が思っている。そのため教師が少々無理を言ってもそれにしたがってやる。苦しい練習も進んでやろうとする。これは困難を乗り越えた喜びを得るためである。

〈すなおさ〉

単なる従順さではない。従順でなかった子も、きれいな声で歌ったり、開脚前転の美しい演技の前ではすなおになれる。ほんとうにいいものや真の美しさは、人をすなおにさせる力を持っている。歌はきらいだと言っていた子がいつの間にか真剣になって歌っていたりするのはそのためだと思う。

〈謙虚さ・尊敬の念〉

六年生が一年生や二年生の演技に感心している。一年生や二年生が六年生よりも力が上のはずはない。下の者の演技に感動して、そこから何かを学ぼうとしていることはすばらしいことである。クラスの友達についても、できないと思っていた友達がすばらしい演技をするのを見て尊敬の念を持つというようなことも起こる。このようなことは謙虚さの中から生まれる。そして、友達を目標にして自分を高めようとする。

〈連帯感〉

友達から学ぶものがあり、友達と協力し合っていいものをつくり出していき、友達といっしょに苦労をし、喜び合う関係ができると、自分にとって、この集団は絶対に必要なものであり、一人の友はかけがえのない人になってくる。このような関係は質の高いものを創り出す中でしか生まれない。

2　これからの指導

① 形式的で意味のない指導をしない

② 学級づくりの核となる活動をつくる

継続的に取り組める活動で質の高い内容を持つもの、歌唱、器械体操、表現、かけっこ、なわとび（これらは今、学校全体でやっていること）、図画、作文、朗読、漢字練習など

③ 授業の充実を図る

毎日の授業を楽しくて分かる授業にしていく発問の工夫・教材解釈を持つ・子どものつぶやきを生かすなど

④

できない子をなくす指導をする

できないのは子どもが悪いのではない。指導に問題があるからであるという考えで子どもに向かう。発表をしない・忘れ物をする・宿題をしない・歌わない・跳び箱が跳べない・漢字が書けない・計算ができない・笛がふけない・読めないなど。

この点については、三佐小の実践は、かなりのことができていると私は思っている。マットや跳び箱の指導でも、歌や朗読の指導でも、絵の指導でもどの子にもできさせるように指導をしている。しかし、今一歩踏み込んだ指導が必要である。それは、これらの活動や授業の中で、一人ひとりの子どもを鍛えあげていく指導である。一応できるようにしてやるだけでは、満足させることはできても、その子どもを変えることはできない。かえって慢心を生むことになりかねない。子どもを変える指導は、今の自分では十分ではないことを知らせ、もっと高いところを目指して努力させるようにしなくてはならない。

これは、個別指導になる。歌の指導でもマットの指導でも、子どもの持っている問題点がそれぞれで違っているからである。特に、問題行動を持っている子どもにはこのような指導が絶対に必要である。

ファミリーＰＴＡで充実感を味わい、意欲を持ってきている子どもたちを、さらに引き上げてやるには、やはり、授業や行事の中で、一人ひとりに、力を付けていくしかないと思っている。

それも、変に形式的なところで鍛えるのではなくて、内容のあるところで鍛えることが大切だと思う。

六年生が、体育朝会で頭支持倒立前転をした。全員が、補助なしでやれた。一つの奇跡である。この奇跡は、教師がしかけ、教師が起こしたものである。

このような奇跡を一つひとつ起こしていって、子どもの持つ無限の可能性というものを信じられるようになる。この子には頭支持倒立前転などできるはずがない、と思っていたことが、できてしまう、できさせてしまう体験である。

このようなことは、子ども任せにしていたのでは、できないことである。教師の願いがあり、教師による働きかけがあって初めてできることである。

子どもへの働きかけと一言で言ってしまえば簡単であるが、これが大変である。自分の力を信じていない子どもをその気にさせ、やろうという意欲を持たせるだけでも様々な困難がある。その子に技術的にも指導して成功させることは、一様なことをしていたのではできることではない。指導技術の点からも高度のものを出していかなくてはならない。このようなことを克服して、できたのが、今日の六年生である。

A君もやれた。A君が、自分の力でできるなど思っていなかった。しかし、成功に向かってわずかずつでも近づけば、それでもよいと思っていた。足を自分の力で上げて倒立することさえできなかったのである。彼にとっては過重と思われる課題であったが、このような困難を伴う課題が、彼には必要であった。

A君は、クラスの中では、わがままで、自分の気に入らないことがあると、友達の作品を壊して回ったり、あばれだしたりしていた。日常生活も荒れていた。甘いものが好きで、肥満体質なので、禁じられているジュースなどを勝手に買って飲んでいた。授業も知能はあるのに熱心に取り組むことはなく、担任を困らせていた。

そんなA君に、何か目標を持たせて取り組ませることはできないかと、常々、担任の三浦先生とも、話し合っていたところであった。日常の授業の中でもずいぶん工夫を重ねてやってみたが、なかなかうまくいかなかった。

そこに、頭支持倒立前転が持ち込まれて、学年全員で取り組むことになった。A君にも、友達がみんな、熱心に、真剣に、必死に取り組んでいる姿を見せる、いい機会であると考え、取り組ませることにした。初めは、体が重いので倒立をすることさえできなかった。友達もがんばっているのを見て、やる気を出して取り組むようになっていく。

A君は、そのような課題を達成した。自分の力を信じることができるようになれば価値あるものを求めて、努力する子どもになっていくことだろう。

頭支持倒立前転の指導の過程では、一人ひとりの子どもについて、ドラマが展開されていった。そのドラマの中で、変革され伸びていったのである。

一人ひとりに力を付けていく。私たちの仕事はこれしかない。できないで困っている子がある。それを見過ごさないで、できる子にする。それは、教師に力量がなくてはできないことである。できないのは子どものせいではない。子どもの体の中には何でもやれる力が秘められている。できないのは、秘められた子どもの力が引き出されないからである。子どもが内蔵している力を教師の技術で引き出してやれば、子どもはどんなことでもやり遂げてしまう。教師の指導によって子どもはどんなにでも変わるという考えに立てば、今、必要なことは、教師自身に指導力を付けるということである。

校内研修では、その効果を挙げるために、

1、全員が同じ方向に向かって取り組む。
2、一人より二人、三人で知恵を出し合う。
3、実践を開放して誰にでも見てもらい、見せてもらう。
4、日常的に取り組み、腕を磨く。

などを目標にしてきた。

今、この一年間の校内研修で、私たちにどのような力が付いてきたのかを考えてみると、教材解釈力、発問の構成力などがある。これらは一人ひとりの子どもの力を引き出し、高めてやる指導力となるものである。授業の中で、どの子にも力を付けてやり真にその子らしさを身に付けさせるための、授業力というものである。

教師の仕事は本来、喜びのあるものであり、楽しいものである。現実は必ずしもそのようになっていない。それはやはり、指導力がないからである。教師の指導力を付けるのは、仕事を楽しくする上からも絶対必要なものである。
楽しく充実した仕事を、毎日続けていき、子どもにはできる喜びと満足感と自信を与えていくために、学校ぐるみで影響し合い、教師としての力量を高め合う三佐小学校の研修は、質の高いものを持った研修であったと自負している。

この一年を振り返ってみると教師が子どもを変えるということを、強く感じた一年であった。

今、一年を振り返るとき、私は、このようなことが子どもたちのうえに、できたということを、挙げることのできる人が、多いのではないかと思う、それが、歌であり、表現であり、逆上がり、足ぬきまわり、頭はね跳び、台上前転、跳び込み前転、朗読、絵である。この時期に、そのようなことがいくつも挙げられることが、学級づくりや子どもを変える仕事を確かなものにした証しになる。

子どもを変えていくというとき、私たち教師の場合、学力を付けることをとおしてでなければならない。学力を、一人ひとりの子に付けていくために、何をしなければならないかが考えられなければならない。学力を付けるということは、全般的、全体的、一般的なことではなく、極めて具体的な、一つひとつのことがらについてのことである。ひらがなを覚えるとか、漢字を書けるとか、計算ができるというようなことである。一人ひとりの子どもについて、一つひとつの具体的なことがらについて、力を付けていくことが、子どもを変える教師の仕事と言えるものである。

三佐小の教師たちは、それを実践した。足ぬきまわり、逆上がり、開脚前転、台上前転、跳び込み前転、頭はね跳びなどである。このようなことに取り組むことによって、子どもたちは、全員ができる力を持っていることが実感として分かったし、できないのは、やはり教師の責任であることも分かった。

これは体育だけのことではなく他の教科についてのことでもある。このように、子どもを変える仕事をするのは、楽しい、夢のある仕事でもあった。三佐小の教師たちはこれを、学校ぐるみでの実践の中でつくっていった。そして学校ぐるみでの成果や重要さも見えてきた。以前は、歌の指導も、私が、六年生などに、休み時間を使って毎日指導したりした。今はそんな必要はなくなっている。新しい曲の歌でも、すぐに歌えるようになっている。それは、音楽朝会での発表や、ファミリーＰＴＡによって、優れた歌を聞くことで、自然に力が付いてきているからである。頭はね跳びも、六年生の指導には、大変な苦労があった。しかし、その発表を見た五年生は、わずかの期間に全員ができるようになって、ＰＴＡに発表できた。驚異的と言ってもいい事実である。このような実践の事実をつくれたのは、学校ぐるみでの実践であった。

私は、教師の仕事は愚直な営みでなければならないと思っている。子どもから反抗されたり、裏切られたりしてもなお、その子に夢をかけて、愚直に、力を付けてやる努力を続けていくのが教師の仕事だと思う。

芝崎先生はそれを実践した。一年間をとおして、子どもにぴったり寄り添い見守ってきた。遊びのときも、掃除のときもいつも子どものそばにいた。芝崎先生の、子どもに対する思いが伝わってくるような気がする。子どもたちも、先生に対して絶対の信頼を寄せて、実に落ち着いた、満足しきった生活をしている。授業にも集中している。子どもに力が付いていくのは、当然の結果であると思う。柴崎先生の行為を美徳とか模範などと考えたら空しいものになる。

ふみ子先生が、A君に関わる行為も、芝崎先生と同じものである。子どもを変えていく仕事は、このように具体的で、愚直な営みによってしか成果は期待できないものである。成果など期待したらいけないのかもしれない。それでは夢のないものになる。夢を描いて、愚直に楽天的にすすむことである。

それぞれの先生方が、実践上の悩みや苦労を背負いながら、しかし、明るい笑顔を絶やさずに、地道に実践を重ねていかれるのは、子どもたちの上に夢を描いて、希望を持って実践しているからであろう。次にあげる歌は、斎藤喜博の作詞の歌である。

細い道

斎藤喜博作詞
赤坂里子作曲

利根河原の草原に
私たちの手で
一本の道ができた
みんなの足あとで
　作ったのだ

自分の仕事を持ち
自分の仕事を積み上げて
　行ったものが
手を結び合って
作った道だ

細い道　曲がった道
今日もこの道には
野ばらの花が
いっぱい咲いている

私たちの三佐小学校の実践を振り返ってみても、一本の道をつくることができたのではないかと思う。それは、極々細い道であるけれども、教職員全員が手を結び合ってつくったものである。その道のそばにあるのは、大きな拍手喝采ではなく、素朴な野ばらの花ような小さな喜びに満たされた道である。

三　校長としての最後の大分市立横瀬小学校での実践

教員生活最後の勤務校に校長として赴任した。大分市の最も西の端に位置する学校であった。新興住宅地で児童数七百三名の大規模校であった。斎藤喜博は、大規模校ほど教育の効果は大きなものが得られると言った。富士見が丘団地という大きな団地の中の学校であった。開校十周年というような、学校としては歴史の浅い、団地と共に開設された学校であった。この大規模校で、二年間という限られた時間の中で、子どもを中心にして、教職員、保護者、地域をどのように組織していくかが私の課題であった。私の家も校区の中にあり、学校までは徒歩で二十分ほどで行けた。校区内の学校に勤務ということで、少し緊張気味で出勤した。

始業式の日である。

六年生が掃除のために、職員室に入って来た。礼儀正しく、よく働いた。校長室の前では「しー」と静かにする。いきいきとしている。動きがきびきびしている。顔が美しい。やる気を持っている子ばかりである。「久しぶりじゃのう」友達同士の挨拶である。学校に来られた嬉しさがいっぱい。この嬉しさは友達や先生と一緒に勉強する楽しさ、みんなと遊べる喜びの気持ちを表している。さすが六年生、体育館への歩行も適当な間隔をとって整然と歩いている。

生徒指導の教師である渡辺先生の話し方も子どもをひきつけるものであった。「四つのことを話します。急いで話します」飽き飽きしている子どもたちへの配慮か、実際には急いでいない。聞かせるだけでなく問いかけたり考えさせたりしながら話した。最後もまとめたり、繰り返したりすることなく、「四つのことをお話しました。終わります」子どもの中に課題を残すやり方である。四つと言ったけど何だったかなと考える。繰り返すとその時点で消えてしまう。

二年生の大津留先生、教室で心構えをつくって体育館へ連れてくる。全校の代表に選ばれて、一年生の前で歌うようになったんだよと言うと、よーしとやる気になる。

音楽主任の三木先生の指導、歌詞の解釈を子どもに入れていく。教材の内容から歌をよくしていく指導である。「ああいいな　いっぱい　いっぱい　いーっぱい」指揮しながら「さん　はい　めだかの学校の」などと声かけをしている。ぱん　ぱん　ぱんと手を打って指揮するなど、そのときの子どもの状況に応じた、適切な指揮をしている。指揮をしながら、子どもたちに非常に接近したり、離れてみたりしているのもよい。子どもの最良の歌いやすい状況を創り出そうとしていることがよく分かる。これは、指揮だけの問題ではない。他の教科の指導でも言えることである。

歌の指導の問題点が気になった。

胸声発声、頭声発声を主流としている。歌づくりを中心に置いているやりかたである。教育は人づくりが先である。全員が自分の声で歌えることが重要である。その歌が、音程が少々ずれていようとも、それぞれの子どもの声が、十分に伸び伸びと、臆することなく出されているかどうかが大切なことである。声の悪い子、音程のはずれる子が平気で歌える学級、学校でなければならない。歌えない子、歌わない子が、一人でもいることの方が問題である。合唱づくり、歌づくりではない。子どもづくりの歌の指導でなければならない。

対面式をすることになった。

新入生と二年生以上の在校生とが、初めて顔を合わせる式である。

在校生の並び方がごたごたしている。前後左右の間隔の取り方が考えられていない。広い校庭を使えていない。六年生が、素早く並んで待っていた。立ったり座ったりの動作も速く、静かである。しかし、多くの学年が間隔を広くとって歩くことができない。少し間があくと追いつくために走る子どもが多い。

これらのことに、教師の手が加えられていない。そこで、子どもにどんな力を付けなければならないのかという考えが指導者にない。教室に向かって歩く子どもに対応した教師の位置も意識されたものではない。子どもに、べたべたとくっついて歩いている。

入学式の日を迎えた。

二年生、おむかえの歌、よくできた。歌も、声がよく出ていたし、待つときの態度、退場の歩き方、音もなく素早くできた。二年生の担任も他の学年の先生たちも大満足であった。しかし、六年生の校歌、会場を圧倒する声量がないのが物足りない。

横瀬小学校の子どもたちの力は、こんなものではないはずである。二年生も六年生も一人ひとりの歌い方を見ると、まだ口をあけてないし、体がはずんでいない。まだ全員で歌っている状態ではない。これは、指導に問題がありそうである。

個に徹した指導がまだできていない。一人ひとりに力を付ける指導ができていないということである。子どもに力が付いていないことを、担任が気に病んでいるかどうかの問題である。歌唱指導の考え方にも問題がある。きれいな声で歌うことを主張しすぎて、子どもを殺しているところがある。きれいな声でない子は歌えない状態は問題である。

歌をきれいにすることがねらいではない。子どもが、自分を表出することが重要である。子どもの自己表出を妨げるような指導は絶対にあってはならない。

まず、自己表出が充分にできる状態をつくり出してやることである。その中で自律することを指導していかなければならない。自律は自己表出をより充全にするために必要なのである。自律があって自己表出が美しいものになり、自分自身も心からの喜びが感じられ、満足感が得られるのである。

できない子をできないままにしておかない指導を目指さなければならない。

子どもは、どの子も「できる力」を持っている。そして、できないことをできるようになりたいと強く願っている。体育でも絵でも音楽でも国語でも社会科でも算数でも理科でも、学校での勉強の全てについて、できるようになりたいという強い願いを持っている。

このような気持ちを素直に出せなくなっている子がいる。それは、「僕は、歌はきらいだ」とか「体育はにがてだから、したくない」とか、「算数はできないからきらいだ」とかいう子たちである。これまで経験したこともない新しい体験をし、新しいことを身に付けていき、できない、分からないという、不自由な世界から抜け出ることができるのを「きらいだ」とか、「いやだ」とか思う子どもはいない。「きらいだ」とか「したくない」とかいうようなことを口にするということは、これまでの教育の中で、そう思うようにされてきたからであって、子どもの本心ではない。現に、「きらいだ」と言っていた子どもが、そのことができるようになると「だいすきです」となり、やることが、楽しくて仕方がないとなる例はいくらでもある。

新しいことをできるようになりたい、分かりたい、未知の世界へふみ込んでみたいと思い、現在の、できない、分からないという、不自由で制約された世界から解放されたいという願いを持つのが、人間が、真に人間らしい生活を追求していく本能のようなものである。人間本来の姿であり、子どもたちも、このような、興味、関心とか、意欲とか追求心とか、向上心とかを、どの子も持って学校にやってくるわけである。

職員会議で学校づくりの方針を示した。

1　教育実践を楽しく充実したものにする

①　強い願いを持った実践

子どもの持つ無限の可能性を信じて取り組む

子ども一人ひとりについて、夢を描いて、計画的でゆとりのある取り組みをする

②　学校ぐるみでの実践

・六学年が一つの校舎の中で学んでいる意義を考えて、その効果を最大限に生かしていく

・教師一人の力には限界があることの認識に立ち、全職員の力を結集していく

・教師自身が自分を変革していく楽しさを味わう

2　一人ひとりの子どもを生かし充実感、成就感をもたらす学級、学校づくりをすすめる

①　子どもの事実にたって、できない子をできないままにしておかない

・目の前の子どもを、そのときそのときに変えていく指導をする

② 形式よりも内容を重視した実践
・子どもに力を付け、高めてやることに焦点化して取り組む
・子どもの内面から変えていく指導をする

3 実践の成果を形あるものとして残しておく
① 授業記録　論文　実践記録など
② 写真　ビデオ　録音テープなど
・日常的な子どもの活動を記録しておく

ＰＴＡで、子どもの作品がなぜ必要なのかという疑問が出された。

子どもが、自分のものが掲示されていることを喜び満足し、保護者に自慢したい気持ちになる。それは自分の努力のあとの学習の成果としてのものがあるからである。そのような作品は、担任が指導によって子どもの力を引き出し、子どもの力を伸ばした結果生まれたものである。決して子どもまかせにしてできたものではない。

子どもはもともとできる力を持っている。そして、その力を精一杯出したいと願っている。保護者にも自分の真価を見せたいと思っている。その数少ない機会がＰＴＡである。

保護者たちも、自分の子どもは力を持っていると思っている。もっとできるはずなのに、どうしてできないのかと思っている。今よりもっとできる子になればいいと願っている。絵について言えば、うちの子は絵が下手だと思っていても、下手なままでいいとは思って

いない。やはり上手に描けるといいなあと思っている。

そのような、強い願いを、特に担任の先生の指導で実現していただきたいと思ってPTAにやって来る。教師の指導力によって、子どもの力が存分に引き出された作品が、そこにあれば、保護者は担任の先生の日常的に行われている努力を、正当に評価し感謝する気持ちを持ち信頼をますます深めることになる。

その作品は決して手の込んだものである必要はない。花一輪、葉っぱ一枚、靴や帽子や、クリップなど描きやすい簡単なものを、鉛筆描きするだけでもよい。時間があれば、これに、ごく薄く色をつけると完成度があがって、子どもたちにも満足感を増すことができる。


発表会をすることの大切さについて職員会議で話した。

1　全体の交流を起こす発表会

学校には一年生から六年生までいて、その中で教育が行われている。これは、便宜上、一年生から六年生までを一つの学校に集めているということではない。一年生から六年生までいるということで、学校としての教育の機能が、十分に発揮され、子どもを教育するという仕事が効果的に行われるということだと思う。学校では、六年生が六年生に相当する力を十分に出し切って生活していることが重要である。六年生自身にとって重要であることはもちろん、学校全体の高まりのために重要なことである。

それは、六年生の、全校の子どもたちに与える影響力が非常に大きいからである。

六年生が、最高のものを出して見せることで、他の学年の子どもたちは、それに憧れそれを目標にして努力することになる。そのことによって、学校全体のレベルが引き上げられることになる。六年生は六年生のみの努力によって最高のものをつくり出していけるものではない。五年生や四年生や一年生から影響を受けながら、六年生としての力が引き出される。五年生が五年生としての力を十分に発揮することによって、それに影響されて、六年生が六年生としての力を存分に出してくるようになる。

このように、学校では一年生から六年生までの子どもたちが、互いに影響を与え合いながら、互いの力を引き出し合って学んでいる。しかし、何もしないところには、影響を与え合う関係は生まれない。互いの交流を起こす必要がある。それが、発表会である。

2　憧れや期待をつくる発表会

発表会で演技を見ている子どもたちは、発表する人たちの、真剣にやっている演技に共感をして見ている。

これは、低学年がするから、どうせ大したことはできないだろうというような、軽んじた見方ではない。六年生が一年生や二年生の稚拙な演技にも感心して、よくあれだけのことがやれるなあという、感慨を持って見ている。そして、私たちも低学年の期待にそむかないように一生懸命に練習して、いいものを見てもらわなくてはならないと思うようになる。

六年生や五年生の演技を見た子どもたちは、その演技にひきつけられて、さすが六年生だとか、さすが五年生だと思って、そんな演技のできる五年生や六年生に憧れや尊敬の念を持つ。そして、私たちも、あんな演技を、五年生や六年生になったらやることができるんだと、大きな期待を持つ。このような、期待や憧れは、学校全体の水準を大きく引き上げるエネルギーとなる。

このような、交流の中で、子ども同士の結びつきが強くなり、学校全体の連帯感というものが育まれてくる。卒業式の六年生とのお別れが単なるセレモニーではなくなり、それぞれの子どもの中で、思い出深いものになるのは、このような交流を何度も経験していくからである。

3　子どもの力を引き出す発表会

子どもたちにとっては、全校の人に見てもらうということは、頑張るぞという張り切った気持ちや、期待や嬉しさと同時に、恥ずかしさや不安というような気持ちも持っている。そのような、ある種の緊張感の中で演技をすることで、意外な力を発揮する。

練習のときには、どうしてもできなかった子が、発表会のときに初めてできたというようなことが多く見られる。また、もともとできる子どもたちも、自分の持つ最高の演技ができてしまうというようなことが起こる。

これは、発表会という、みんなに見てもらう場が、その子の持っている力を引き出す役目を果たしているからである。「発表の場」という特別な場所で、そこに参加しているみんなの期待の大きさが、その子の中に秘められている力を引き出したと言ってもいいであろう。

このように、発表した全員が、自分の持つ力を全開できた喜びを持ち、満足感や成就感を味わうことができる。このような体験を、いくつも重ねていくことによって、そのたびごとに、子どもたちは大きく変えられ、たくましくなっていく。このような機会がなかったら、できない子はできないままで終わるかもしれない。しかし、発表会をすることによって、発表会という行事の中で、子どもは飛躍的に力を付けていく。こんなことは、いくら腕の立つ教師でも一人の力では到底できないことである。学校ぐるみでの実践だからこそできることである。そして、教師にとっては、楽しく充実した実践となる。

運動会という行事で高められた子どもを、なお高みへ引き上げてやるには、これからの学級づくりへの取り組み方が大切だと考えた。

運動会によって子どもたちは大きく変えられている。学級の中の子どもたちを個人個人よく見ると、運動会前とは違っているはずである。子どもたちは運動会を経験したことによって、いろいろな力を身に付けてきている。それは、集団の中で協調できなかった子が、協調性を身に付けてきていたり、ねばり強く頑張ることができなかった子が、予想以上にねばりを発揮する子になっていたり、責任感の薄かった子が自分の仕事に熱心に取り組むようになっていたり、物事に集中できなかった子が、運動会の練習で集中して取り組んでいるのにびっくりさせられたりというようなことである。また、わがままなことばかりして友達や先生を困らせていた子が、自制をきかせて、がまんをすることを身に付けていたりというようなこともある。これは、学校ぐるみで全員が一つの方向に向かって、運動会をつくり上げるという目標を目指して取り組んだ結果である。もし、運動会というような学校ぐるみでやるような行事がなかったらこのようなことは起こらない。

運動会で先生方がやったことは、リズム表現を全員の子どもが上手にできるようにとか、団体競技が全員うまくできるようにとか、走るのが遅い子が少しでも速く走れるようにとか、係りの仕事をうまくこなせるように、というようなことを願って、時間を惜しんで取り組んだ。その結果子どもの技術（学力）が高まると同時に子どもの内面も変えることができたのである。この運動会での子どもの高まりを、これからの学校生活の中で、単に維持していくだけのことをしていたのでは、停滞が待っているだけである。今の高まった段階からなお、高みに引き上げていく努力をしなくてはならない。運動会の中で持った高い目標に変わる目標が必要になる。新しい目標を与えられることによって、子どもたちは向上心を持ち続けることができる。ここで、目標となるものの水準を下げるようなことになると、そこには、安易さが生じ惰性に流れることになる。一種の緊張感を感じるような高い目標が必要である。

高い目標を子どもたちに持たせるには、音楽朝会や体育朝会の発表とかで、発表することの練習がある。この練習の中で、どの子にもできるようにしてやることが重要である。合唱がきらいだと言っていた子が、練習しているうちに、歌うことが好きになっていくことで、大きく変えられていく。目の前にある困難を乗り越えていったときに、その子は変えられていく。そのような体験を子どもたちにさせることで、自制心とか、ねばり強さとか集中力とか責任感とか、友達との連帯感とかがつくられてくるのではないかと思う。

せっかく、運動会によって学年がまとまって活動し、教師もクラスの枠を超えて子どもの指導をしたことによって、力を付けることができた。この指導体制がこれからも有効に働いていくことを願っている。音楽朝会や体育朝会・卒業式などをめざして、早めに取り組んでいくとか、学年独自の活動を組んで取り組んでいくなどすることで、クラスではどうにもならない問題をも解決していくというような効果もある。要は、授業や行事や学年、学級での活動によって子どもたちに、どの子にもできる力を付けてやることが重要である。

五年生が頭はね跳びで全員をできさせる実践をつくった。

五年生が、学級ＰＴＡで、頭はね跳びを発表した。ほとんどの子どもが、尻もちをつかずに立てていた。このようなことができたのはどうしてか。それは、学年ぐるみでの取り組みがあったからである。学年の全教師の連帯の成果である。もしも、この取り組みがクラス毎のものであったなら、全員の子どもを、これ程までにできさせることは、できなかったであろう。学年ぐるみで取り組んだことにより、指導法についてクラス担任の間で影響を与え合って、指導力があがったこと、子どもたちも、他のクラスや、上手にできる友達から影響を受け練習ができたことが大きい。やる気のなかった子も、次第にやる気を起こして取り組み、できた喜びを味わっている。それは、友達の刺激を受けたからできたことである。友達から、励まされ、友達の上手なのを見て、参考にしたり、目標にしたりした者もある。

自分ができるようになったのは、友達や先生のお陰であることを知る、自分一人でやっても、絶対にできないようなことが、みんなの中でやることで、いつの間にかできてしまっている。友達と一緒にやることの大切さを感じているはずである。

学年ぐるみでの取り組みは、負担は軽く成果は大きなものを生み出す。

〈自分の思いをこえた事実をつくることができて喜ぶ子どもたちの感想〉

あんなすごいこと、私にできるようになるかなあと、とても不安でいっぱいだった。五年生全員で練習のとき、かべとう立や首はねおきをしていた。そんなとき、友達が、「あの赤マットにいってみよう」といった。赤マットの役目はせなかをそらすことだ。

ちょっととまどいながら立っているといく気がしてきた。「まだはじまったばかりだもん。できなくてあたりまえだ」ドキドキをおさえながら、赤マットへいくとみんなころがったりしていた。「なんだ、みんなできないんだ」そう思うとドキドキがおさまった。やっと順番がきた。まわるのはよくできたが、そのままおきあがれずくろうした。一回やるとあんしんした。これをきかいに、つぎからいろいろやってみることにきめた。やっと今本番がきた。不安がいっぱいになったとき順番だ。先生が「おちついて」と言ってくれた。思い切って回った。着地はまあまあうまくいった。本当にうれしくてたまらなかった。たぶん、これがいっしょうけんめい練習した本当の私だと思っている。

高山　奈津子

いよいよ本番だ。私のむねはドキンドキンとなっている。とても不安だ。順番がまわってきた。もう、ドキドキがとまらない。思い切りとんだ。せなかをそらして足をつけるときがしっぱいした。でも、自分ではこれでいいのだと思った。やり終わった後も少しドキドキした。やっぱり、家でがんばったのが身についたと思った。家に帰ったら、毛布をいっぱいしいて練習していたから、今は、頭はねとびの練習がこんなに楽しいのだ。がんばって練習してよかった。

笹倉　彩香

〈発表によって変えられた子どもたちの感想〉

六年生の「とびこみ前転」を見て

○六年生のやったとびこみ前転を見て、すごいなあと思った。私たちもやったけど、あんなに高くとべなかった。さすが六年生だなあと思った。終わってもしゃべっていなかったのですごいなと思った。

五年　松村　美登里

○私は、六年生の発表を見てすごいなあと思った。私たちも一学期に、とびこみ前転の発表をしたけど六年生みたいにきれいにはできなかった。とても高くジャンプしてくるっときれいに回っていた。それにできない人がいなかった。私も六年生になったら、今の六年生みたいに、きれいにできるようになりたい。

五年　花田　かおり

一年生「マット」を発表して

○きょう、たいいくちょうかいでした。わたしはきんちょうしてきんちょうしてたまりませんでした。だってさ人がいっぱいいいたんだもの。二・三・四・五・六ねんせいをじろじろみているあいだに、わたしのばんになっていました。わたしはさっきよりきんちょうして、わらいそうになりました。いっかいまわっておきるとき、ちょっとあしが、くねっとなりました。もういっかいくるっとまわっておきるとわたしはそこが、とってもうまくてとってもきれいとおもいました。

一年　おかじま　ゆい

○きょうあさ、たいいくかんで、いちねんせいの、マットのはっぴょうをしました。わたしはまえまわりをするときは、すこししんぱいでした。おきあがるときや、きをつけをがんばったら、いっかいめはおきあがるのがきれいにできなかったけど、二かいめはきれいにできました。わたしはいつも、ふとんの上でれんしゅうしています。いつもおきあがるときが、よくできなかったけれど、きょうはじょうずにできました。

一年　やなせ　さえ

一年生の「まえまわり」を見て

○立つときに手をつかないで音がしないで立てたから、すごいなと思いました。おわったあとのしせいもよかった。

二年　たはら　まい

○私は一年生のときを思いだすくらいだった。私の一年のときなんて、今の一年とくらべられないくらいの下手だった。今の一年はとってもうまく、最後、手をついて立つ人は一人もいなかった。しかも、ひとりひとり上手で、まっている人も終わった人も、やっている人も、とっても上手でした。

五年　木村　奈美

○足がきれいにそろっていて上手だった。終わったらちゃんと気をつけをしていてよかった。競技が終わって他の人をまっているとき、静かに体育すわりをしていてとてもおちつきがあった。みんな前転をするときのかんかくが同じくらいで、よかった。

五年　佐藤　博俊

三年生の「開脚とび」を見て

○三年生はとてもすごいなあと思った。それは三年生がほとんど全員がとべたことだ。特に最後のきめわざフィニッシュがすごかった。友達に「すごいなあ」といった。

五年　伊達　秀憲

○三年生の跳び箱を見て、かんしんした。どんな人でもへいきで跳べる。あんまり、高いのは、跳べない人もいるけど、やる気を感じた。五年も、去年跳び箱をしたけど、なかなかリズムどおりにいかない。三年生は、トトーントンのリズムに、とってもあっていたと思う。

五年　岸田　真理子

五年、体育発表に取り組んで

○ぼくは発表のとき一番最初だった。いつも失敗していたので今日もできるかなと思っていた。でもできるとも思っていた。わけは、いつも人に見られていると、どれか一つはちゃんとできるから、今日もできると思った。でも、一つじゃ意味ないなと思いながらした。側転は着地がよく、とび前転はふつうで、開脚後転が一番よくできた。

五年　瀬戸　貢

○今日体育朝会があった。私ははじめどきどきしたけど、だんだんきんちょうしなくなった。私は足はちゃんと上がっているかなと思った。でもまあ一生けんめいしたからいいや。最後終わったら、妹が「おねえちゃん、とってもうまかったね」といってくれたのがうれしかった。

五年　石藤　夕佳

二年生「まえまわり」と「うしろまわり」のはっぴょう

○わたしは、うしろまわりはこれまで、できませんでした。でもできました。「やった」とおもいました。前回りはドキドキしなかったけど、うしろまわりはドキドキしました。できない人はいませんでした。みんなすごいなあとおもいました。二年生がみんなできたから、うれしくなりました。

二年　田中　美和

○きょう、体育朝会がありました。うしろまわりがちょっとむつかしかったです。みんながみているので、どきどきしました。いえでれんしゅうしました。いもうともしました。わたしは、まえまわりとうしろまわりができました。たいいくちょうかいの日、みんながみていました。ちょっとはずかしかったです。おわったときよかったとおもいました。

二年　後藤　奈美

二年生発表「まえまわり」「うしろまわり」を見て

○二年生の体育朝会はすごいと思った。がんばってるなあと思った。わたしもがんばろうと思った。二年生て、やっぱりすごいとおもいました。三年　西村　明日香

○二年生は、とってもじょうずだった。みんなできていて、できない人はいなかった。私たちも、てつぼうをがんばる。二年生はとてもよかった。三年　相馬　亜弥

四年　体育の発表をして

○今日はあまり気がのらなかった。とっても緊張していて、どうしようか、どうしようかと思っていた。ついに、体育朝会が始まった。みんなうまくとび箱をとんで、うまく逆上がりをしていった。とうとう私の前の人たちが出て行った。まちがったらどうしよう。もうやめたくなった。なんて、思っていたらもう私たちの出番になってしまった。息がとまる思いで、とび箱にとびついた。そしたら、きちんととべた。あとは、逆上がりだけ。うまくできた。こんどは逆上がりで、うでとおなかの力であがりたい。

福田　加奈子

○今日体育朝会があった。ぼくは、きたときから、できるかなあ、しっぱいしたらどうしようか、といろいろ思った。とうとう始まった。ぼくは、最初のれつなのできんちょうした。とびばこはなんとかとべた。もんだいの、逆上がりは一回しっぱいした。だから、あわてて逆上がりをした。全員すんだあとに、二組の人がひとりで逆上がりをした。両足そろえてあがっていた。すごいとおもった。緊張したけど、おもしろかった。

園田　雅賢

学校づくりには六年生の果たす役割が大きい。六年生が卒業までの残り少ない日々を、充実した時にしようと努力を続けている。

体育発表会のために「跳び込み前転」に取り組んでいるのも、その一つである。六年生が最高学年としての力を示して、全校の人たちに、さすが六年生だと思わせられるものをつくれば、学校全体の力の水準を大きく引き上げることができる。この練習をみていてその真剣さに、きっとすばらしい発表をしてくれると確信している。

学校づくりの上で六年生の果たす役割は大きい。六年生が六年生にふさわしい力を持つということは、五年生以下の子どもに高い目標を与えることになる。そして、全校の子どもたちを大きく変える力となる。やっぱり六年生はすばらしいと、憧れを持ち、私たちも六年生になったら、あんなすばらしいことがやれるんだと思い、今の学年のことに努力することになる。それは、体育だけのことではない。歌でも、絵でも他の学習でも、掃除でもそうである。学校生活全てにわたって、六年生が目標になる。
六年生が七月に発表した「かたくりの花」は全校の子どもたちに感動を与えた。
○うたが、うまかったよ。おはなしも（朗読）うまくて、こころのなかまで、わたしも六年生になりたいなとおもいました。
○こえが大きくてうまいなあとおもった。からだをうごかして（身体表現）うまいなあとおもった。一人で（独唱）ちゃんと大きなこえをだしてよかった。
○とてもきれいな歌だと思った。きれいな歌声が体育館にひびきわたるようだった。やさしい風のような声がつたわってきた。さすが六年生、いい声をしているなあと思った。聞いていて気持ちがはればれするようだった。聞いたこともない歌なのに、なんとなく知っているようなかんじがした。
○すごいと思った。一人でうたうときも、はずかしがらずに、どうどうと大きな声で歌ったり、朗読もうまかった。男子も高い声でひとりでうたっていた。きれいなこえだった。わたしの友だちの、さとうゆみちゃんも一人で歌っていた。ほんとうにすごかった。

小学校には一年生から六年生までいる。しかし、それだけでは学校としての機能を十分に果たしているとは言えない。一年生や二年生が、五年生や六年生に強く影響され刺戟を与えられて、高い目標をもち、努力しようとする。六年生は一年生や二年生の頑張っている姿に学んで、自分の課題を自覚して、最高学年としての力を身に付けていく。このような影響を与え合い刺激を受け合う関係が、学校全体としてあるとき、その学校はどこまでも高まり合う集団となる。子どもの一人ひとりが、自分の力を出し切って取り組む体制ができる。友達によって自分が生かされていることを実感し、謙虚さを身に付け、協力して仕事をする喜びを知る。

そのような中で卒業式を迎えれば、六年生を送る気持ちも違ったものになる。セレモニーとしての卒業式ではなく、厳しくて楽しい思い出を身をもっていっぱい創ってくれた六年生である。卒業していなくなってしまうのは、本当にさびしいことであり、つらいことになる。六年生のおかげで高められた日々が浮かんできて、心からありがとうという言葉が出てくるであろう。

子どもの可能性を開く仕事を日常的な実践の中で実現していくことを目指している。「子どもの無限の可能性にかける」とか、「可能性を伸ばす教育を」、などとよく言われる。私もこのことは大変重要なことだと思っている。しかし、現実の問題としては、教室の中で具現化されているかとなると疑問が残る。

算数科などは、教科の特質からよく引き合いに出されて話題になる。中学校からは、小学校で掛け算九九も分からないまま、中学校へ送り込まれても、どうにもならないというような声も聞かれる。二年生や三年生の学力がついていなければ、五年生や六年生では、取り返しがつかない、などとも言われることがある。それほどに学力の積み残しがあるということだろう。

算数科だけではない。逆上がりができない子とか、跳び箱など一度も跳び越したことがない人が、保護者の中にも沢山いる。倒立ができない子が、五、六年生に沢山いて、びっくりさせられたこともある。歌が歌えないとか、絵がうまく描けないなど、できないままで過ぎていることが、よくある。

なぜこのようなことが起きるのだろうか。能力がないからだろうか。運動神経が鈍いからだろうか。音痴だからだろうか。どうしようもないことなのだろうか。

子どもの可能性は、無限であると言われる。そして、子どもの体内の奥深くに密かにしまいこまれているものと言われている。本人さえ自分の可能性に気づいていないことが多いと言われている。子どものできる力も体の中に潜んでいる。この力を、引っ張り出して本人の目の前に置いてやるのが教師の仕事だと思う。そこには教師の力量が必要になってくる。できない子をできるようにする力量である。そこでは、能力の限界や六年生では手遅れなどということは、問題にならないはずである。夢や理想としてではなく、毎日の教室の中の出来事として、「子どもの可能性を開く」ということを考えてみよう。

Ⅲ部　斎藤喜博教授学に立つ実践報告

～『事実と創造』（教授学研究の会編）に掲載された実践～

『事実と創造』（一莖書房）は斎藤喜博が主宰する教授学研究の会の会誌として、一号から一七五号までの全国誌である。『事実と創造』に筆者が執筆し掲載されたものを取り上げた。

『事実と創造』八号　教授学研究の会編　一莖書房　一九九三年一月発行　二四頁から二五頁

「私の体育指導」

河村　大雄

私の体育指導は、ただ、がむしゃらにやってみることから始まった。跳び箱の跳べない子は跳べるようにしてやりたい。逆上がりのできない子にはとにかくできるようにしてやらねばという気持ちだけでやってきた。

そして、できなかった子を、できるようにしてやるというような事実を、一つひとつ創って、積み重ねていくことが大切なことなのだと思っている。しかし、できない子をできるようにするということは大変なことである。

大分大学の現職教育講座の中で、私たちが跳び箱を跳ぶのを見て、野村先生は、「できる」ということを、単に「跳びこせる」ことだと考えたのでは、体育の指導を非常にせまく解釈していることになる。技術主義的な考え方である、と言われた。

私は六年生の跳び箱の開脚跳びの指導で、跳べない子数人について、助走を直し、踏み切りをやわらかくし、尻を台上に降ろさないように押してやったりした。その結果、とにかく全員跳べるようになった。しかし、その指導によって変わったのは、跳べなかった子だけであった。最初から跳べていた子の跳び方は、やはり荒々しく、力余って前につんのめって転ぶ子もいた。それでもこのときはこれでよいと思っていた。跳べなかった子を全員跳べるようにしてやれたし、学級の子どもたちと共に喜び合うことができ、私の学級の誇れる一つの出来事だと思っていた。しかし、この一時間に、跳べる子は何も学習していなかったのである。ただ、跳びこせばよいという安易で低次な目標で指導していたので、すでに跳びこせる子どもにとっては、何も学習することはなく、ただ力にまかせて、または漫然と何回も跳んでいるだけであった。

野村先生は、常に「課題をいれてやりなさい」「内容をいれてやらねば」という指摘をされる。

跳べない子についても、跳べる子についてもその子に応じた指導内容がある。そしてこの二つの内容は全く別個のものとしてあるのではなく、跳べない子を指導しているのを、できる子が見ていて、その中に自分の課題をつかむというようにしなければならない。

跳べなかった子が跳べるようになると同時に、跳べる子も、その跳び方が美しくなっていかなければならない。そうでなければ全体を指導したことにはならないし、体育の指導をしたとは言えないのではないか。跳び箱指導のときの私は、このようなことは全く分かっていなかった。そして「できない子を、できるようにする」指導にだけ熱心であったのである。

できない子を、できるようにするというのは、単に跳びこせるようにしてやることではない。子ども一人ひとりが自分自身の課題として、美しく、リズムにのってやわらかく、ダイナミックに跳ぶにはどうしたらよいかを意識するように、教師が指導目標を持って指導していれば、演技の中に集中が生まれ、緊張の一瞬をもち、そして無理のないやわらかな流れが生まれる。そこには、美を追求する姿があり、体育をすることにより、子どもの中に思想がつくられていく。「できるようにする」ということは、このようなことではないかと思うようになった。

大分市での教授学研究の会に、教職二年目のAさんが、跳び箱の実践をビデオで出してきた。野村先生が、ビデオを見始めてまもなく「指導がない」と言われた。Aさんは「指導したんですが」というのであるが野村先生は、「指導が全くなされていない」と厳しい口調で何度も指摘された。

私はこのとき、非常なショックを受けた。私もAさんと変わらない指導をしてきたからである。自分では指導をしているつもりであるが、子どもの姿は全く変わっていないような授業をしてきたのである。三年生でマットの前回りを指導するとき、野村先生に見ていただいた。私は一通り全員にやらせてみてから手を加えようと考えていた。ところが野村先生は、三名ばかりがやるのを見て、ただちにやめさせ、次の子どもをマットの側に呼んで、手のつき方、体重の移し方、転がりそうになるのを、じっとがまんしてこらえきれなくなってから、スーッと回るやり方などを指導しながら全員の子どもに見せた。それまでは腕の支えもあいまいで、足を曲げてポンと弾みをつけて回るやり方をしていた。私はそのやり方ではいけないと思いながらも、全員が一回やってしまうのを待っていた。この段階では全く指導はなかったのである。野村先生の指導で、子どもの変わった姿を目の前に見せつけられながら、なお、野村先生の授業に対する考え方が、私には分かっていなかった。

Aさんのビデオに対する野村先生の厳しい指摘によって、私は初めて「指導」とはどんなことかが、分かったような気がしている。子どもが、跳び箱を一回でも跳べば、そこには指導がなければならないのである。子どもがスタートの位置に立ったとき、いやその前にもう、跳び箱の授業は始まっている。そこには、もう指導の手が加えられていなければならないのである。

自分の実践の甘さを、こうして発見しては、ひどくいらだたしさを覚えるのである。しかし、「よい結果がでたということは、そこに原則がふまえられているからである」という斎藤喜博先生の言葉に、わずかな救いを見い出しながら、子どもの可能性を信じ、よい結果の出る実践を創っていこうと思っている。

『事実と創造』一七号　教授学研究の会編　一莖書房　一九八二年一〇月発行　四八頁から五一頁

各地の動向

「大分教授学研究の会の一年」

河村　大雄

はじめに

昭和五十六年四月十七日。昭和五十六年度の第一回目の例会が開かれた。第三土曜の会として発足し三年目を迎えた「大分教授学研究の会」である。会員二十四名。本年度は第三土曜日に例会を持ちながら、一方で、現場の教師を対象とした現職教育講座を受講し、美術、描画、体育、表現、国語などを中心に集中的に学習していった。

現職教育講座は、大分大学の野村新先生を講師として隔週金曜日午後六時より九時までの三時間、試行期間として年間二十四回開かれた。（五十七年度は文部省認定講座として六月七日からスタートしている）

この一年間、これらの中で学んできたことを重点的に紹介してみたい。

一　美術・描画の指導

西岡陽子さん、堀江優さん、宝塚市立逆瀬台幼稚園などのすぐれた実践に学びながら、その成果をそれぞれの教室に持ち込んで実践していき、次のような実践報告が出された。

「大玉ころがし」「かば」「ざりがに」安部美恵子、「万寿寺山門」奈須一俊、「長浜神社」「花」松原七郎、「バケツ」河村大雄、「手」「ちゃぼ」牧野桂一、「牛」梅木芳子、「くつ」梅木隆信

この中で特に問題となり追求していったことは、次のようなことであった。

1 課題化

「いったい何を描かせたのか」という問題である。「花」では、花の何を描かせようとしたのか。「ざりがに」の何を描かせたのか。教材に対する教師の迫り方の問題である。

西岡陽子さん、堀江優さん、逆瀬台幼稚園の実践について学んでいく中では、子どもが新しい発見をしたり、ものの見方が変わったり、感動を持ったりするような、質の高い教材を持ち込まなければならないことや、教師の子どもへの強い願いが重要であることは、とらえていたはずであったが、さて実践上となるとなかなか表れてこない。

十月二十七日、安部美恵子さんは幼稚園での実践「大玉ころがし」の絵を出してきた。運動会で優勝してうれしかったことを描こうということであるが、これでは課題とならない。最近の私の実践「春を見つけて描こう」で問題になったのは、やはり課題のことである。「春」などというものが具体的にあるわけはない。「松の芽」や「草の葉にとまっている虫」「屋根の陽光」というような具体的な物にこそ春を感じるのである。春即花では課題とはならない。「松の芽」や「葉の上の虫」を教材とし、その教材によって子どもに

何を表現させていくのかを考えさせるとき課題が生まれ、その子の春を発見させ、生命の息吹をとらえさせ表現させることができるのである。

2　対象と向き合わせる

奈須一俊さんの「万寿寺山門」では、一枚一枚のかわらや一本一本の梁などに重厚さが表現され、どっしりとした重量感のある山門が描き出されていた。しかし野村先生は「うん、屋根が力強く描かれているね。でもこの屋根で雨水がうまく流れるかな。この柱で、こんな大きな屋根が支えられるかな」と問いかける。柱は大きく描かれてはいるが、その屋根を支えるだけの力強さが描かれていない。一本の線や柱の色に力がなく、機能美が描かれていない。本質を表すためには、そのものの持つ機能までも具体的に問題とする必要がある。

機能を問題とすることによって子どもたちは対象を、力を出して働いているものとして捉えて表現が変わっていく。これは、リズム表現の場合も、歩き方そのものを問題とするのではなく、「何をするために歩いているの」と問いかけ内容を入れたりすることにもつながる。

3　共に生きさせる

安部美恵子さんの「かば」の絵では、「かば」の見せ方がよい。口の中の大きな歯、とび出た目、鼻の上の大きなひげなど、絵本で知っている子どもの概念的な物を壊して次々に具体化していっている。また、いろんな動物がいる中から、「かば」を選んだことにも安部さんの子どもたちへの願いが感じられる。また、同じ安部さんの実践で「ざりがに」を描かせるにあたって安部さんは、教室で「ざりがに」を飼っている。えさをやり、水を変え、さわったりしているうちに「ざりがに」と遊び、指をはさまれたりしながら、はさみの力の強さなど意外なことを発見していく。野村先生が「一人ひとりの子どもの顔が浮かんでくるような絵になっている。」と評されるような描き方ができたのも、「ざりがに」を教室に持ち込むことにより、子どもたちが、「ざりがに」と共に生きて描いた結果であろう。なお、あとで知ったことであるが、野村先生はその夜、幼稚園の子どもの描いた「ざりがに」が何度も頭に浮かんできて眠れなかったということである。

4　自分の線を見つけて描く

梅木芳子さんは「牛」の絵の実践で、尻の部分を問題にした。背すじから尻にかけての部分をよく見させることにより、牛特有の骨ばった、角度のある線を見つけてくる。こうして新しく発見したものを表す線は、これまでの、何度も消しては描きしていたものとは全く異質の、確信を持った一本の線として表されてきた。「自分と妥協しない納得のいく線をみつける」という西岡陽子さんなどと共通するものを学んだ。また、鉛筆で描くことの意味は、あの細い線によって空間と物との接点をぎりぎりまで追求させ、あいまいな線では表現させないことにもあることが分かった。

二　体育の指導

現職教育講座の中での実技

マット運動　「前回り」、「横回り」、「後ろ回り」、「開脚前回り」、「開脚後ろ回り」、「頭支持倒立」、「頭支持倒立からの前回り」、「うさぎとび」、「かえるとび」

跳び箱　「ふみこし」、「またぎこし」、「とび上がりおり」、「とび上がりとびおり」、「開脚とび」、「閉脚とび」、「台上前回り」

実践報告　「跳び箱」稲尾総文、「マット運動」松原七郎、「マット運動」甲斐宏美

現職教育講座の実技の学習で、女の教師の中には、初めのうちは、実技をやるのがいやで、スカートをはいて来る人もいた。これまでできなかった人たちが、運動の原則をつかんで次々にできるようになっていくのを見て、自分でもできそうだという気持ちになって、運動服に着替えて参加するようになった。

安達延子さんは最初から熱心に実技に取り組んだ人であるが、なかなかやれるようにならない。その安達さんがやっと後ろ回りがやれるようになったとき、すでにクラスの子どもたちは全員、頭支持倒立までできるようになっていた。安達さんは自分で身を持って実技を学ぶことにより、自分ではやれない頭支持倒立の原則をちゃんとつかんで、クラスの全員の子どもをできるようにしていたのである。「原則は合理である。合理に基づいて自

分の体を動かすことができるようにしてやることが教師の指導である。」という野村先生のことばが納得できる。

実技の中では、うまくできない人をつかまえて教材とすることが多かった。Aさんが彼より年長の河野さんに、台上前回りで、いろいろと注文をつけてやらせ、やっとできるようになったとき止めようとした。ところが野村先生は、そのままで止めたらだめだと続けさせた。何回か続けているうちに硬かった河野さんの体がやわらかくなり演技が美しくなっていった。道徳教育の研究をこれまで続けてきている河野さんが、演技が終わって「体育の授業はこうあるべきだ。体育の授業はまさに道徳教育そのものだ。」と言ったのは印象的であった。「追求の課題が残っているのに妥協して止めてしまうと心は開放されないままで終わる。教師は子どもに妥協してはならないし、子どもも教師も自分自身への妥協を許さない人間になっていかなければならない。」と野村先生。

Bさんはよく教材にされた人であった。初めはドサリとした感じで、まるで腰のあたりに重りでもついているかのような演技をしていた。今では何でもこなす。そして体が大きく開いて伸び伸びとしている。最近ＶＴＲでマット運動の実践報告をしたが、子どもへの指示が的確で自信を持っている。

スカートから運動服へ変わるという事実の中から私たちが学んできたものは何であったのか。指導の原則は、単に「できる」ためのものでなく、合理によってつくり出される美しさの追求のためのものでもある。マットに手をつくという動作にも「その行為に生きる子ども」をつくることをめざすべきであるということを学んだ。

Bさんは「通俗性からの脱出」という文章の中で次のように述べている。「体育や音楽、表現活動では、教師がどのように生きているかという、教師自身の哲学が問われ、それが指導の中に現れてくるということも学んだ。通俗的なものを吟味してよいものに変え、子どもに本物だけを与えるための努力をしなければならない。教師の人間性そのものが体育や音楽の指導の中で問われているのだ。」

三 個の実践から学校への広がり

私たちは講座で学んだものを自分のクラスで実践し、それを講座に持ち込んだ。一方野村先生は会員の学校へ入られ、国語の授業や体育、表現、歌などの指導に介入していった。その一つとして、牧野さんが、本誌十二号「介入に学ぶ」で紹介している。野村先生の私の学校での介入では、ひとりMちゃんが変わっただけでなくクラス全員が変わっていった。それが牧野学級の合唱や表現の中に現れ、河村学級の合唱に現れてきた。それに触発されて三年生の四つのクラスが表現「てぶくろを買いに」に取り組み始めた。これには牧野さんや私が介入していくという小さな交流もあったのであるが、三学期にはＰＴＡや全校朝会で発表され、保護者たちや子どもを感動させた。これらは、東京都瑞穂第三小学校の公開に参加する動機にもなっていった。

教育研究者が学校へ入るということは単に個人の実践を高めるにとどまらず、教授学研究の会の実践が学校全体の実践を高めていくことにつながっている。

四　実践を文章に

一月に入って、これまでの教授学研究の会と現職講座で学んできたことや、自分の実践で確かめられたことを文章にまとめることになった。できれば活字にと意気込んだがこの方はまだ実現の運びになっていない。テーマを「通俗性からの脱出」とした。会員の目標への通過点として現在の断面をまとめることは私たちの実践を太らせる上で意義ある仕事である。集まっている原稿の中から特に若い人たちの吸収力のすばらしさの見える文章の抜粋を紹介したい。

安部美恵子（幼稚園）

岡山の牛窓東幼稚園では、子どもたちを迎える曲は力強く響くマーチではなくバイエルの曲であった。歩く曲といえばマーチと決めていた私は意表をつかれた思いであった。「北風とお日様」が展開され始めたとき、強い風の表現には「アラベスク」をアレンジし、雪の舞には「白い恋人たち」を取り入れ、その表現に合った曲を選んでいるのである。私はエルマーが竜の背に乗って動物島を去るときの曲は、子どもの喜んでくれそうな「とべ、ガンダム」にしようと思っていた。なんと薄っぺらな考えだったかと思うと、牛窓東幼稚園の演技を見ながら冷や汗が出てくるのを覚えた。（「二つの劇あそびの実践から学んだこ

と」から）

友永真弓（小学校）

指揮をすることにより、子どもがのびのびと曲の世界に入り込み、気持ちよく歌ったり表現したりできなければ意味がない。指揮をするときいつも頭においたのは、いい顔をして立つということだった。いい顔というのはいつも同じではない。メロディーや詩により変わらなくてはならない。このことは手や足の動きについても全く同じことが言えるのである。（「音楽教育へのめざめ」より）

『事実と創造』三七号　教授学研究の会編　一莖書房　一九八四年六月発行　三六頁から四一頁

「『靴下』の授業に学ぶ」

河村　大雄

今日は野村先生がきてくださった。わたしは、「靴下」という詩の題を聞いたとき、どんな詩だろうと思った。二行目までよんだとき、明るい感じがした。難しい言葉やことがらをみんなで考えていった。「ひつぎ」という言葉の意味が分かると全体の意味が大体わかってきた。そして「子どもがうめられに行くとき、父はどうしていっしょに行かなかったのか」という問題が出たとき、意味も考えずに「悲しいから」と答えてしまった。でもみんなで考えると、だんだんいい意見が出てきた。「野辺の送りに行くとかえって子どもがわかれづらくなり、死出の旅にでなくなるのでは」などと聞くと、「子どもは死んだはずなのに、どうして悲しがるのだろう」と思った。そして考えてみると、「父親の心の中に生きているのだな」と思い始めた。そうなると、父が野辺の送りに行けば死出の旅に出て、もう父の心の中に帰ってこれなくなるから野辺の送りに行かなかったんだ。

加藤　智香

これは、大分大学の野村新先生が私のクラスに入って「靴下」（室生犀星）の授業をされたときの子どもの感想文である。子どもたちは、この授業で詩の世界に引き込まれ、他の発言に触発されあいながら「父親の心の中に子どもは生きているのだ」と言うように、わが子を失った父親の悲しみを深いところで捉えていった。

年度が変わって、私は新しく五年生の担任になり「春」（坂本遼）の授業をした。「靴下」の授業に感ずるところの多かった私は、「春」の授業には期するものがあった。教材解釈も大分大学の現職教育講座に出し、検討してもらって取り組んだ。しかし結果は期待していたものとはほど遠い授業となったのである。

ここで、新たに「靴下」の授業に学ぶため、「春」の授業をみなおし、「靴下」の授業に照らしてみたいと思う。

一　緊張と開放

私は、教材「春」のプリントを配りめいめいで読ませた。全員が読み終わった頃に「何のことが書いてあるようですか」と問いかけた。この問いは、「靴下」の野村先生の発問「何のことが書いてあるんですか」と形の上では何ら異なるところはない。しかし、その発問のもつ内容には大きなちがいがあったのである。

私は、この発問では、詩の内容の大体のことが捉えられればいいというくらいに軽く考えて発したものであった。野村先生の発問は、それにかける教師の願いの重みがちがっていた。「何のことが書いてあるんですか」と問いかけたときから、すでに内容に迫らせることを意図していたのである。すばらしい内容の盛り込まれているこの詩を子どもにぶっつけて、子ども自身の力でわずかずつでもときほぐしていかせることを考えての発問であった。それがわずかな手がかりであっても、子どもが捉えてくれれば、それを拡大し、展開の契機にして突破口を開き、内容へ迫っていこうとしたのである。子どもたちも、それに応えて、難攻不落の城にわずかなすきをも見逃すまいとでもするかのように、必死になって読んでいった。

T　何のことが書いてあるか。タバコやさんか。

C　クリスマス（小さくつぶやくような声で、ポツリと言う。）

T　クリスマスのことか。（これ以上には問い返さないで）

何のことがある？　飯倉君どうですか　何のこと？（立ち上がって発言しようとするのを押しとどめるように、「もう座ったままでいい。思いついたことをみんな言ってみてください」と言う。いちいち立ち上がることによって、教室の緊張した空気が乱されることをおそれてでもいるかのようである。)

C　子どもが靴下を何かして遊んでいる。

T　遊んでいる。

(出てくるものから、いっしょうけんめい考えている。「おもちゃ」などに手がかりを求めて考えている子を励ますように、そして他に対しては思考のヒントを示すように言う。)

T　それでお父さん泣いていたのか。「泣きけり」って、誰が泣いたのか。お父さんだろ。

(子どもの発言に対して矛盾する文章をつきつけて追い込んでいく)

T　さっぱり分からん？　ちょっと分かってる人。おおかたでいい。(ほんのわずかでも手がかりをつかませようとするかのようにはげます)

C　この文は、お父さんと子どもが、どこか遠い所へ離れて暮らしている。

T　あ、離れて暮らしている。

C　わたしは、この子どもが……。(何か自分の考えの中に、疑問や矛盾をいだきながら発言しているかのように言いよどむ)

T　思ったことをそのまま言っていいよ。

C　子どもがお父さんと、ちゃんばらごっこをして遊んでいる。

T　どうしてそれが分かった。

C　石をもて、ひつぎをうちといって……。

T　そうね、そして野原がでてくるしね。「かくて野に出でゆかしめぬ」

教師は意図的に、子どもの上に大きな重石をかぶせている。子どもたちはその石をはねのけようとしてはまた石から押され、また新たな力ではねのけようと試みる。初めは何人かの子どもがその試みを繰り返していたが、しまいにはほとんどの子どもがその試みに加わってきている。教師の意図は全員をこの詩に向かわせることにある。子どもたちは詩の内容に近づきかけては、また文章の事実によってははねとばされそうになる。それでもなお迫っていこうとしている。ここまできて教師は、子どもたちの上に広がろうとしている陽を、わずかにさえぎっている一つのかぎを捉えた。「ひつぎ」という言葉である。

T　ちょっと聞きますよ。ひつぎって何でしょう。聞いたことない？　全く分からん？

C　十字架。（小さくつぶやくような声）

T　あ、なんて？　なんと言うたかな。

C　十字架。

T　うん、十字架の……十字架の……十字架に関係ある……（十分間をおく）死んだときに入れる棺おけのことなの。これは棺おけのことなの。ヨーロッパではキリスト教の国だから十字架が張ってある。それで、もう一回読みなおしてください。

C　（めいめいで読む）

（読み終わるか終わらない頃に「子どもが死んだんじゃ」などというつぶやきが起こり、次第に教室じゅうに広がる）

ここでは、解きほぐすための手がかりを求めて読みに集中している子どもと、ほんのわずかなきっかけとなる言葉でもよいから子どもに捉えさせたいと願って、励ましの言葉をかける教師の気持ちが交流し合いながら、次第に、緊張を教室の中につくり出していった。その中で、子どものちょっとした言動も見逃すまいと張り巡らせている教師の神経に、かすかに「十字架」というつぶやきが捉えられる。教師はこのつぶやきのわずかな正しさを拡大して「ひつぎ」という語句を明らかにしていった。「ひつぎ」が全体の状況を明らかにするための重要な語句であった。子どもたちは「ひつぎ」が明らかになると同時に、詩全体の事情をいっぺんに捉えてしまい、次の課題へ発展していく契機をつかんだのである。この部分を子どもの感想文に見ると次のとおりである。

最初読みました。（中略）野村先生が「どんなことを書いているかを言ってくださいい」と言いました。だれかが「おもちゃが出てくるので、クリスマスのことかもしれない」とか言いました。他に「お父さんと野っぱらでちゃんばらをしているのではないか」とか出てきました。僕も何か楽しいことをしているのではないかと思いました。野村先生が「この、ひつぎというのは何ですか」と聞きました。渡辺くんが「十字架のことかな」と言いました。野村先生が「それに近いですね。ひつぎというのは、かんおけのことなんです」と言いました。その時僕はびっくりしました。楽しいことと全くちがうような気がしたからです。誰かが死んだのではないかと思い、前の方の文を読んでみました。すると「毛糸にて編める靴下をもはかせ、好めるおもちゃをも入れ」と書いてあるので、これは子どもが死んだのではないかと思いました。それでこのお父さんは泣いているのだなと思いました。ちょっとわからない言葉がわかると、だいたいわかってきたみたいで、さっき思っていたのとは全くちがっていました。

（黒井卓矢）

はじめ詩を読んだときは何のことを書いてあるのか全くわからなかった。先生が「ひつぎというのはかんおけのことだ」と言ったら私はなんとなくこの詩の意味が分かってきた。自分の大切にしていた子どもが死んでしまった父のつらい悲しい気持ちを書いてある。

（佐藤陽子）

子どもが教材に対面して、その中から内容をつかみとろうと、どこかを突き破る試みを繰り返しているとき、教師はどの一点をつつけば、全体を明らかにすることができるのかその突破口をさぐる努力をしなければならない。授業のこの段階で、野村先生は、その一点を「ひつぎ」と捉えて、これを明らかにしていった。その瞬間に子どもたちには、全体の事情が捉えられていったのである。

これは、子どもたちの持っている不明な点の一つひとつ、全てをつつきまわすことをしていったのでは絶対に生じてこない。追い込まれた緊張感と、その緊張の高まりを突き破って生じる解放感とで授業のリズムをつくり出しているのである。この解放感は次の課題へ向かうエネルギーとなって新しい緊張を生み出していくことになる。

二　布石を打つ

私は「春」の授業で、言葉調べに入った。子どもから「年がよる」、「峠田」、「鍬にもたれ」、「ぴょっくり」が出され、辞書的な意味を説明していった。その後で「さ、わからない言葉もなくなったね。こんどは何のことが書いてあるか、もう一回読んでみましょう」と読みに入った。

言葉調べをしたことによって、子どもたちが、追求していくためのエネルギーを徐々に体の内に充満させていき、次の課題がますます明確にされ、この教材の最大の核の追求へと盛り上がっていくというような授業をつくっていきたいと思った。しかし私の授業は、平板に、この問題がかたづいたら次の問題にというように、授業の初めに持っていた追求のエネルギーを、そのたびごとに霧散させてしまうようなやり方になってしまった。言葉調べは、単に辞書的な意味を分からせるということに終わってはならなかったのである。文章で表現されているその場の状況を具体的に捉えさせることに重要なねらいを置かなくてはならない。

大槻志津江先生は、「授業・一つの試み・組織学習」（一九八三年夏の教授学研究の会合宿研究会）の中で、「言葉つぶし」では、「語句をつぶしながら布石をうつ」と述べられた。授業の最大の課題となるであろう教材の核を問題にしたときに、この布石としての言葉調べが生きてくる。「言葉しらべ」は、このような授業の論理に立ってやらなければならなかったのである。

野村先生は、「石をもてひつぎを打ち」を次のように説明された。

C　ぼくは、石をもてひつぎを打ち、というのは、墓をうめていて、それを見ているお父さんが泣いている。

T　石をもてというのは、普通こんなのをこちんこちんとやるときは金づちでたたくでしょう。ところがね、お棺は金づちじゃたたかない。石でたたくの。その石というのは、昔からの風習で、枕石といって墓に持って行って置いておく。その石なんです。だから、埋めるときに石をぽんぽんとやって放り込むんじゃなくて、お棺を打つときの石。

このように、辞書的な解釈だけでなく、その場の状況が具体的に子どもの頭の中に描き出されるように説明をされている。後に問題となる課題の追求にそなえて布石として言葉の解釈をしていったのである。

私の「春」の授業では、「たった一人」というような言葉の解釈をするときに、おかんの置かれている状況を、家での場合、畑での場合、作者との関係などについて、具体的にイメージ化して、この教材の最大の課題に迫るための布石として備えておかなければならなかった。しかしそれができていなかったところに私の授業の問題点があった。

三　課題の追求

私は「おかんが牛の鳴き声に耳をかたむけたのはなぜか」を問題にしていった。「空いっぱいになく雲雀の声」は、おかんにとっては、特別に感情を動かされるものではなく、まわりの景色と同様の質のものである。「牛がないたら」で春の景色とは全く異質のものが投げ込まれる。なぜ「牛がないたら」なのかを問題にしていくことによって、作者とおかんと牛との関係が偶然のものではないことに気づくはずである。また「耳をかたむけて」と「じっと聞いている」とを対比させれば、ひばりの声の場合は強く意識することもなく自然に耳に入ってくる音として聞いている状態であり、「耳をかたむけて」では、その音に注意を集中して聴く状態であること、しかも「余韻」に耳を傾けているのである。これは何か特別な感情が働いて起きる状態であるということから、作者やおかんと牛との関係が想像できるのではないかと考えた。

しかし授業では、「おかんは、牛の声でなくても、何でもいいから声を聞きたかったのだ」という考えを子どもたちは変えようとはしなかった。牛の声を聞いたのは偶然であるという考え方である。

このようになったのは、「何のことが書いてあるのか」という学習や、「言葉調べ」の学習が「牛のなき声に耳をかたむけたのはなぜか」という問題とは無関係のところで扱われていたことの結果である。「何のことが書いてあるのか」を問題にしたとき、おかんと作者は親子であること。しかし今は遠くはなれて暮らしており、「おかんがみたい」と叫ばずにおれないほど会いたくても会うことができないという心理的な関係であり物理的位置関係にあること。また、おかんは、家に帰っても他に誰もいない一人暮らしであり、かっては牛の居た牛小屋にも今は牛も居ないこと。峠田でのおかんは、その田にも一人しかいないし、まわりの他家の田にもまだ誰も出ていないような早い時期に出て、老いた体で、よその田の仕事に遅れないようにとやっていることなどが明らかにされるとともに、言葉調べでは、これらのことが、言葉の解釈をすることによって補強されていかなければならなかったのである。

「靴下」の授業で野村先生は、「このお父さんはどうして野辺の送りに行かなかったのか」を問題にした。

私は、「おのれ父たるゆえに、野辺の送りをすべきものにあらず」との解釈を、単に風習の問題とのみにとらえていた。しかし子どもたちは風習などとは考えなかった。

T　じゃ、このお父さんはどうして野辺の送りにいかなかったの。

C　かなしくて。かなしかった。(など口々に言う)

T　かなしくなった。それから……。

C　つらい。わかれるのがつらい。

T　あ、何？
C　人には涙を見せたくない。
T　それから。あなた（と指名する）
C　つらい。
T　つらい。悲しくなってつらい。
　何がつらい。
C　自分の子どもが死んだから。
T　死んだから？　もう棺おけにいれるとき子どもは死んでるんですよ。何がつらいの？
　今だいじなこと言っておるようだよ。
C　……。
T　それ、ちょっと置いとこう。何がつらいか。もう悲しいのは分かってる。死んだのがつらいのも分かっている。
　これちょっと置いておきます。
　そのほかありませんか。なぜ行かない。

野村先生は、ここでは子どもたちがどう解釈してくるか、じっと待っていた。「すべきものにあらずと」の一般的な解釈としては「風習」と考えるべきであるが、一つには父親が自身に課したものとして捉える解釈も成り立つのである。「風習」ということについては、「石をもてひつぎを打ち」の解釈をするとき布石として入れてある。また、「つらい」という子どもの発言を捉えて「何がつらいのか」と課題として残してある。衛藤君が静かに挙手をした。

T　はいどうぞ。

C　自分の子どもが、まだ小さいのに死なせるような、こんな父は子どもに見せられるような……、見せられないから行かなかった。

父親が自身に課したものとして考えてきている。教師はここで再び「何がつらいのか」を取り上げていった。

T　そしたらね、このつらいというのを、もう少し考えてみよう。彼が出したつらいというのを。

何がつらいか。最後の別れだよこれ。ふつうだったら行くんだよね。なぜ行かなかったの？

木村君、何か考えていたな少し、はいどうぞ。

C　ぼくは、死出の旅に出すと、もう絶対に見られないし、今行けばね、自分の子どもにはね、まだ顔は見られるけど、それをがまんしている。

T　行かないんだなあ、どうして行かないの？

C　衛藤君と同じように、幼い子どもを死なせてしまったから。

T　はい、こちらの人（指名）

C　行くと子どもが悲しむかもしれない。

T　子どもが悲しむ？　こっちはお父さんが悲しむんだ。今度は子どもが悲しむ。来てくれない方が悲しむんじゃないの。

C　行くと子どもが悲しんで、その死の旅に出なくなるので、だからそれを見るとやっぱり悲しくなって行きたくなくなるので、自分一人で行けというような感じで、お父さんは行かなかった。

T　子どもが悲しんで死出の旅に出れなくなる？　こちらはお父さんの側。こちらは今度は子どもの立場になってみて。

C　お父さんが行くと別れづらくなる。（普段はあまり発表したことのない横山君も、つい引き込まれたように発言した。）

子どもたちは、わが子を失った父親の悲しみを、ここまで深く捉えていたのである。それは、「毛糸にて編める靴下をもはかせ・好めるおもちゃをも入れ・あみがさわらじのたぐいをも納め・石をもてひつぎを打ち」という状況を、具体的にイメージとして持つことができて、その結果、父親の心情までつかんでしまったからである。この部分を子どもの作文に見ると次のようである。

原田君が「子どもがつらくなる」という意見を出した。それがどういうことか分からなかった。なぜ死んだ子どもが別れるのがつらいんだろうと思った。矢野さんが、「子どもが死出の旅に行きたくなくなる」という意見を出したので、子どもがつらくなるという意味が分かった。私はいい考えだなあと思った。先生の教えてくれていた「死出の旅」のことが役に立ったなあと思った。そんなことが野村先生の授業で分かりやすいんじゃないかと思う。

（吉田真紀子）

授業の最初から、子どもの力を信じ、困難な教材であっても自身の力で突き崩していかせようとされた先生の願いが、ここにきて、子どもの中から噴き出してきたようであった。

『事実と創造』四七号　教授学研究の会編　一莖書房　一九八五年四月発行　三〇頁から三五頁

授業実践

「やまなし」（宮沢賢治）の授業

河村　大雄

一　教材解釈

この教材で二年前に授業をした。そして今度また同じ教材で授業をしてみた。二年前の教材解釈は、クラムボンや魚やかわせみの動きを中心に〈かぷかぷ笑った〉〈はねて笑った〉〈つうっと銀色の腹をひるがえして〉〈そこらじゅうの黄金の光をまるっきりくちゃくちゃにして〉〈取ってるんだよ〉〈いきなりとびこんできました〉〈白い腹がきらっと光っていっぺんひるがえり〉などの語句を手がかりにして、「いろいろな生物が五月の明るい陽ざしの中で、さかんに活動し、生命の躍動する季節を表している。」とした。

今度の授業をすることになって教材を読み直してみると、この解釈では「十二月」の場面の、かにの子どもたちのあわの大きさ比べの部分の解釈とどうにもつながらなくなってしまう。また二年前のときは気づかなかった部分の解釈として、「五月」の、かわせみのとびこんできた場面で、かにの子どもたちが〈居すくまってしまい〉〈ぶるぶるふるえている〉というのも、かにをとりまく状況から見て不自然なことだと思うようになった。

かにの子どもたちは、かわせみについては何も知ってはいない。魚を餌にするということも、自分たちに危害を加えるものかどうかということも、鳥であるということさえも知らない。かわせみの出現がそれほど恐ろしいことであったかというとそうでもない。一瞬の出来事であり、かにの子どもの見たものは〈鉄ぽうだまのようなもの〉〈コンパスのように黒くとがっているもの〉〈おかしなもの〉である。「かにの子どもたちは何をこんなにこわがっているのか」という疑問を私は持った。

そこで今度は、クラムボンや魚やかわせみを中心に置いた読みから視点を変えて、かにの子の目になって読んでみた。かにの子どもたちは、クラムボンと魚の活動する場面で、すでに〈お魚は、なぜああ行ったり来たりするの〉〈何か悪いことをしてるんだよと言ってるんだよ〉と不安やいらだちを感じている。この不安はどこから来るのだろうか。そう考えて読んでいくと、〈知らない〉〈わからない〉〈死んだよ〉などという語句から、この春生まれたばかりのかにの子どもたちには、見るもの聞くもの初めてのことばかりであることが分かる。クラムボンと魚の関係についても、魚が餌としてクラムボンを取っているということがかにの子どもには理解できていない。

かにの子どもたちは、魚の動きの意味を理解しかねて不安を感じている。〈鉄色に変に底光りして、日光の黄金をくちゃくちゃにする〉魚は、かにの子にとっては不気味な存在なのである。その不安な気持ちが〈お魚は、なぜああ行ったり来たりするの〉という言葉になっている。そこへいきなりかわせみが跳び込んできて幼いかにの子どもたちは、不安が極に達して居すくまってしまったのである。

このように解釈すると、「十二月」のあわの大きさ比べの場面についても、五月の頃は兄に頼りきっていた弟のかにも成長し、兄のかにと対等にものごとを競えるほどになっていることが分かる。この教材を貫いているものは、かにの子どもが経験を拡大しながら成長していく過程である。私は、この面から子どもたちに教材を追求させてみたいと思って取り組んだ。

二　授業記録

授業の初めに「いったいクラムボンや魚は何をしているのだろう」と問いかけて待った。

子どもたちは何も答えないでしばらくたった。この沈黙は予想していたことであった。そこですぐ「クラムボンは何匹くらいいるの」と第二の発問を出した。第三の発問として予定しているのは「クラムボンはどこにいるの」である。

個人学習や組織学習を通じて子どもたちは、クラムボンや魚は何をしているのかを考え続けてきた。子どもたちの持っている疑問や問題は、

① クラムボンは殺された後どうして笑うのか。

② 悪いことをしてるんだよ。取ってるんだよ。と書いてあるが、何を取っているのか。

どんな悪いことをしているのか。

というように文章に即した具体的なものであった。その文章で表されている状況が具体的に描き出されないかぎり「何をしているのか」という問いには容易には答えられないはずである。そこで第二の発問が出されたのである。

(二) 発問の強さ

「クラムボンは何匹くらいいるの」という第二の発問は、すぐに出すべきではなかった。第一の発問で子どもが動き出すのを待たなければならなかったのである。「クラムボンや魚はなにをしているの」と重ねて問いかけてもよかった。そうすれば子どもたちは「〈クラムボンは笑った〉と書いてある。遊んでいるのかな」「いやいや、その次のところには〈死んだ〉〈殺された〉と書いてある。どうしたというんだろう」などと、わずかな手がか

りでも見つけようとするであろう。「その先にはまた〈笑った〉と書いてある。何のことだろう」などとあれこれ考えを巡らせるに違いない。

けれどこれだけでは課題は明確にはならないだろう。子どもたちの課題に迫る気持ちは高まり、その緊張感がやがて全員のものになっていくであろう。

「何をしているのか」という問いは、それだけの重みを持った問いのはずである。授業の最初にこの発問を持ってきたということは、これによって何ものかを子どもたちの中から引き出そうという期待を強く込めたものでなければならなかった。

発問によって子どもたちは考え始めているはずである。そして明確でなくてもイメージが子どもの中につくられていく。それを待たねばならなかった。そうやって子ども自身の力でつかんだ手がかりは、それがたとえほんのわずかに見え隠れするようなものであっても、教師はそれを捉えて拡大し、子どもの目の前に教材の新しい世界を展開してやらねばならなかったのである。

第二の発問「クラムボンは何匹くらいいるの」はあまりにも安易に出された。子どもたちが読みの手がかりを求めて文章に問いかけ、跳ね返されてとりつくしまもなくなったときに、この発問が生きてくる。

この発問が無造作に出されたということがその前の「何をしているのか」という発問も安易に出される結果となって表れている。「クラムボンはいったい何をしているのか」という問いかけに賭ける教師の願いの強さが、第二の発問が準備されたことによって消されていったのである。

発問には、問いの強さというものが必要である。教材の世界の中に子どもたちを引き込んでいこうとする教師の願いの強さとか、問いによって、その読みの中から教材の核に迫っていくための、わずかな手がかりでもよいのでつかませたいとか、教師が教材解釈でつかんだ内容を子どもの中に入れたいというような願いの強さがあれば、それによって、子どもの心をゆさぶったり突き動かしたりしていくものである。

教材解釈によって発問は構想されるのであるが、単に発問の順序を決めて、その順序にしたがって出していくようなことをすると、子どもの思考も安直なものとなっていく。

子どもの思考を深めるには、その発問にこの時間のすべてをかけて問うというような願いの大きさや強さが込められた問いが必要である。

(二) 状況を明らかにしていく

「クラムボンはいったい何匹くらいいるの」と問いかけた。「いっぱいじゃねん」「そこらへんに……」などとそれぞれの考えを出してきた。「どうして沢山と思うの」と重ねて聞く。「殺されて、笑ったというから」と答える。T君が立って「クラムボンが殺されて、かぷかぷ笑ったよというので、ほかのクラムボンがかぷかぷ笑ったんじゃないですか」と言う。

私は、ここらでクラムボンは何をしているかという課題についてのイメージが子どもたちに、わずかにでも描け、そのことについての発言があるのではないかと期待をしていたが、誰も発言しなかった。

続いて用意していた第三の発問「それじゃクラムボンはどこにいるの」と問う。「水面」「水中」などと口々に答える。「水の底じゃねん。はねて笑ったよというから」と動きに結び付けて考えてくる。「大きく口を開けて……」「水中だとかぷかぷじゃなくて、ガボガボとかなる」などと具体的に描く。

このように状況は具体的にされてきているのであるが、「クラムボンは何をしているのか」という課題とどこかでずれているようなまどろっこしさがある。

「何をしているのか」という問いが課題として子どもたちに確かに受け取られていれば、クラムボンや魚の状況がわずかでも明らかになったとき、「あっ、分かったよ」などと、課題の重さをはねのけるように発言してくるのではないかという、期待を持ちながら授業を進めていた。しかし閉ざされていたものがさっと開け放たれたように課題に迫っていく勢いが生じてこない。

これは、子どもの発言「かぷかぷと大きな口をあけて笑っている」と、「笑っているように見えるだけ」を対立させていくようなことをしなかった教師の、授業を組織していく力の弱さによるのかもしれないが、それよりも大きな要因は、最初の発問の弱さにある。子どもたち一人ひとりに、重い課題として背負わせることができなかった発問の弱さは、それが子どもたちを、考える態勢の中に追い込む弱さにもなっていったのである。

(三) 理屈でせまる

子どもたちを覆っていてクラムボンを取り巻く状況を明確にさせることの障害になっているのは「クラムボンとは何か」ということであった。「はねて笑ったというのはどんな笑い方だろう」と発問した。I君が「あわが水面で、波が上がったときにあわもいっしょにあがって、ばしゃんとなる」とあわで描いてくる。続いてTN君が「あわがな、初めは大きいのがパンと割れて飛び散る感じ」とやはりあわで考えてくる。この「あわ」という考えをつぶしておかないと読みが進展していかない。

子どもたちの考えの矛盾を教材の中の言葉でつぶしていこうとした。「〈殺された〉とあるが誰に殺されるんですか」「魚」と一斉に。「クラムボンが魚に殺されるんですね。それはどういうことなんですか」「魚が来てそれにぶっつかって割れた様子」とN君が当然のことのように答えた。それに対してT君が「食われて殺されたんじゃねん」とぽつんと言った。

しかしこれには反論する者はいない。あわで大勢を占めて動かない感じである。私は最後の決め手として持っていた発問を出した。「〈死んでしまったよ〉とありますね。しまったというのはどういうことですか」「もう完全に……」「みんな……」「みえんように……」などと口々に答えている。「死んでしまったよというのは全部見えなくなったということらしいね。それは割れたんじゃろうか、食われたんじゃろうか。どっちじゃろう」

子どもたちは口々に「割れた」「食われた」と言う。「あわが全部割れるんか」と問い返す。I君が「遠くのほうだったら見えんようになったりして、こっちのほうが全部割れてしまったのでなくなった」と自説を主張する。このような形で言葉を追求していっても、子どもたちを納得させることはできない。

教師が理詰めで出るとそれに抗うように自分の立場を守ろうとする。「そういうように、あわが割れてしまうかな」「少しは割れて少しは流された」とTKさん。さっきまで虫という考えで発言していたSさんが「わたし意見変えた。あわが割れたら小さくなるやろ。その小さくなったクラムボンが笑うんや」と発言してきた。私は少しむきになりながら「今問題になっていることは〈しまったよ〉ということですよ」と言うと、こんどはTN君が「だから水の底から見よるんや。水面までわりと高いんや。それで割れて見えやすくない」と水面までの高さを持ち出して理を通してくる。

宮沢賢治の作品の世界に子どもたちをひたらせ、その文学性の豊かさを味わわせる読みは、このような理詰めのものではないはずであった。ここではさっと内容を子どもに入れて課題に迫る勢いをゆるめないで進めなければならないところである。クラムボンが魚の餌になるような小さな虫であることが分かれば、クラムボンや魚が何をしているのかという問題はいっぺんに明らかになっていく。適切な説明で切り抜けなければならなかった。

（四）布石をしく

個人学習や組織学習のとき一斉指導で言葉つぶしをしながら布石をしいていった。それは次のような言葉についてである。〈上の方や横の方は、青く暗くはがねのように見えます〉〈そのなめらかな天じょう〉〈波からくる光のあみ〉〈白いかばの花びらが、天じょうをたくさんすべってきました〉

この教材の中に出てくる川の流れや光や波はいつもおだやかである。クラムボンや魚やかわせみの活動の背景となる川の中の静かな情景を読み取らせて布石としておきたいと考えていた。

クラムボンとは何かが問題となったとき、子どもたちは、あわだと考えてその考えをなかなか変えようとはしなかった。ここで先の布石が生きて働いていたら、またちがった展開になっていた。〈かぷかぷ笑った〉〈はねて笑った〉というときの水面は〈はがねのよう〉な〈なめらかな天じょう〉である。白いかばの花びらは、その水面を〈すべって〉きた。このような情景を結んでクラムボンの状況をとらえさせていけば、「波が上がったときに、あわもいっしょに上がって、ばしゃんとなる」などとは決してならない。布石がその働きをしていなかった。

「かにの子どもたちは、クラムボンや魚のことをどう思っているのか」この問いは、〈お魚は、なぜああ行ったり来たりするの〉〈何か悪いことをしてるんだよ。取ってるんだよ〉などを手がかりにして、かにの子どもの、魚の行動についてのいらだちや不気味な気持ちを捉えさせたいという意図で出した。これは次の課題「かには何をこわがっているのか」への布石になるものである。子どものかにの感情は、クラムボンについては「楽しそう」「ともだちみたい」と捉えており、魚については「悪いやつ」「不気味だ」「いらいらする」と読み取っている。魚に対するこの感情をもとにしながら、次のかわせみの出現の場面を読み深めていかなければならない。

かわせみの出現で〈居すくまってしまい〉〈ぶるぶるふるえる〉かにの子の気持ちを読み取る授業の場面では、子どもたちは、出してくる考えを次々に否定されながらも考え続けた。TN君が「前にそういうこわい感じの経験をしたけん、ちょっと少し似てるような感じがした」と言う。「前に経験したといったら何ですか」と問い返せば、「魚」「クラムボンが殺されたとき」と布石が生きてくる。Wさんが、「魚で経験したことが、ぱっと出てきたから、それをとっさに思い出したみたいになってこわくなった」と、魚の活動していた場面でのかにの子どもの気持ちと結びつけて、かわせみの出現の場面でのかにの子の恐怖心をとらえたのである。

三　授業を終えて

この授業は、学校の全体研提案授業として行ったものである。授業後の検討会での意見で「全員の子どもが真剣な顔をして集中して考えていた。あのような集中を授業の中でつくり出したいと思っているがなかなかできない」、「今日の授業で発言していた子どもの多くは、後れた子どもと思われていた者たちであった」、「授業を見ている者にもドキッとこたえるような発問が多かった」などがあった中で、「課題性のある発問が三十二ヶ所あった。これによく子どもが集中してついていったものだと感心している」というのがあった。この意見の中の「課題性」というのは私の考えている課題性とは違う内容のものを指しているようである。

私は、この教材に取り組むことに決まって最も心を砕いたのは、「生きた課題をつくる」ということであった。それは教材解釈の中で決定的になることだと考えて、教材解釈に力を注いだ。一見何でもないと思われるところに、課題となるものを発見する仕事〈武田常夫著『イメージを育てる文学の授業』(国土社)を実践しようとした。その結果が「クラムボンや魚は何をしているのか」であり、「かにの子どもは何をこわがっているのか」であった。

しかし教材の核はそのまま展開の核とはなりえない。一見何でもないと思われるところに課題となるものを発見する作業は教材解釈の段階だけでなく、授業の中でも常に行っていかなければならないものであった。子どもの発言を整理したり、対立させたり、結びつけたり、単純化して分かりやすくしたりというようなことをして、授業を組織していく力をつけていくという、大きく重い課題をこれからも背負い続けていかなければならない。

子どもたちの授業についての感想文から、あまり発言していない者も、授業の中で非常に様々に考えを巡らせていることが分かる。この子たちの思考の様を授業の中で引き出すことも、私の授業の大きな課題である。

〈子どもの感想文から〉

ぼくは、クラムボンは「殺された」、「死んだ」とかの次に「クラムボンは笑った」と書いてあるので、あわだと思っていた。ところがかには、クラムボンと魚をどう思っているか、というところで、クラムボンは友だちだとか思ったり、魚を変なやつと思ったというのを聞いていると分からなくなってきた。それに、魚にあわがやられたとしたら全部われてしまわないで少し残っていいと思う。虫だと岩かげにかくれて、魚が通り過ぎたあと出てきて、かぷかぷわらったともいえる。初めは先生の口車だと思っていたけどあとで虫という意見がいいと思い出した。あとのほうで〈十二月の場面のこと〉「ぼくのあわは大きいね」と言っているので、これが証拠だと言えるように思えた。かぷかぷは、小さいもので泳いで遊んでいるように思えた。次のはねてというのは、ミジンコみたいなのが泳いでいるのだと思う。

田中基之

分からないことがら調べで、クラムボンと魚は何をしているのかという問題をした。わたしは、クラムボンが何なのか良くわからない。あわのようで、虫のようで、波のようで、いろいろあって分からない。でもまあ、泡だろうなと思っていた。

クラムボンが死んだというところで先生が「〈死んでしまった〉のしまったというのはどういう意味ですか」と言った。わたしは考えたけどはっきりしたことは分からなかった。江藤君が「見えなくなったってことじゃねん」と言った。わたしは意味は分からなかったけれど、そのうち分かった。「あわがなくなるかな」と先生が言った。「割れるんじゃねん」とだれかが言った。わたしもそう思ったけどあわは水中じゃ割れんし、ちょっとおかしいかなと思った。「虫だったらどうなるじゃろうか」と先生が言った。だれかが「逃げるんじゃねん」と言った。そうか、虫だったら自由に動ける、とわたしは思った。わたしは、かぷかぷ笑うというのは虫には合わんと思っていたけど、なんとなくあわじゃないような感じだなと思い出した。

かにはクラムボンと魚をどう思っているのかでは、わたしはクラムボンはいいイメージで、魚はどっちかというと悪いイメージだと思った。魚はこわいのかなとふと思った。それを先生が言った。みんなは「それはないわ」と言った。魚なんてわたしには全然不気味なんかじゃないけどかにの子にとってはとてもこわいんだろうな。クラムボンをたべるんだからなと思った。

佐藤夏来

『事実と創造』五七号　教授学研究の会編　一莖書房　一九八六年二月発行　五七号　二二頁から二四頁

「おかあさんのせんたく」の実践

河村　大雄

一　教師のねがい

佐久間勝彦氏は「子どもの目が社会に開かれる」ということについて次のように述べている。

「私は、社会科が行うべきは子どもに一定の知識を伝達し暗記させることではなく、子どもの目を社会に開くことだと考える」。「子どもの目が社会に開かれる」とは、次のような子どもの社会認識の変容をいう。

(一) それまで深い関心を持たずにいたある社会事象が、授業を通して、鮮明な輪郭をともなって認識されること。
(二) ある社会事象との対面に触発されて、広く他の社会事象にも関心が芽生えてくること。
(三) 社会事象に対する自発的な追求活動が、持続的に始まること。
(四) 日常生活で接する諸社会事象が、従来とは異なる意味あいを持って視界に入ってくること。(『事実と創造』二〇号六頁)

このことを一年生の子どもの上に実現していくには、どのような教材を持ち込み、どのような授業を構成していけばいいのであろうか。

指導要領によると「うちのしごと」では、「家庭生活を支える家族の仕事の様子に気づかせる」となっている。この場合大切なことは、「支える」ということをどのように捉えるかである。私は子ども自身が「自分が支えられている」ということを実感するのでなくてはならないと思う。父親の仕事について、会社で働いて収入を得ているというような概念的な理解でなく、欲しいものが買ってもらえないようなとき、その状況の背景となる親たちの生き様が見えて初めて、自分の生活が親の仕事に支えられていることが分かったと言えるのではないか。親の生き様を何によって子どもたちの前に提示するのか。私はそれを「おかあさんのせんたく」でと考えた。

洗濯は子どもたちの身近で行われている日常的な出来事の一つである。しかし子どもにとっては中身の見えにくい事象である。

洗濯は衣服を清潔にして衛生的な生活をするということだけのものではない。例えば父親のワイシャツの場合「襟のよごれを落としてから洗濯機に入れる。脱水にかけるときは、しわにならないようにたたんで入れる。襟に糊をかけて干す。取り入れたらアイロンをかける。場合によってはクリーニングに出す」。このような手順の中に、父親の職業への配慮がにじんでいる。あかちゃんのいる家庭では一日に何度も洗う。このように、洗濯を通して家族一人ひとりの仕事や生活の中身が見えてくる。また、洗濯は洗濯機がしてくれます、という認識しか持っていない一年生には、洗濯の工夫や大変さを具体的に示すことにより自分自身の生活と母親との関係の見直しを迫ることができる教材である。

二　授業と考察

そこで、追求の課題を次のようにした。

1　うちでは、どんなせんたくの仕方をしているか。

2　くつしたのせんたくをしてみよう。

3　おとうさんのものだけ、ていねいにあらうのはどうしてか。

追求Ⅰ　洗濯のしかた

子どもたちに、自分のうちではどんな洗濯の仕方をしているか書かせた。

……おかあさんがします。おかあさんは、せんたくするとき、さいしょは、ようふくをせんたっきにいれて、せんざいをいれて、せんたっきのふたをしめて、おかあさんはきまっていて、またあとからもういっこのせんたっきにいれて、まわして、それからようふくをほしてできあがり。（こやゆかり）

ほとんどの子どもがこの程度の理解の仕方である。この子どもたちにゆさぶりをかけるために「このやり方でみんなも洗濯をしてみよう」というと、子どもたちは口々に「これではできない」「おかしいよ」と言い出す。「どこがおかしいの。これでもできるんじゃないの。」と聞くと、「だめだめ。先生知らないの。」「水を入れないと洗濯されないよ。」「タイマーもまわさないと。」など問題点についてさかんに意見を出す。

ここでは各自が考えていた洗濯の手順に問題点がたくさんあることを意識させるのがねらいである。それによって次の学習である母親の洗濯の観察へ意欲を持たせ、細かく見させたいという意図である。

「お母さんの洗濯の仕方をよく見て、やりかたを沢山見つけてきましょう。」と家庭での洗濯の観察へと向かわせる。

子どもの作文によると、

……おかあさんはせんたくがうまいです。でも一つふしぎなことがあります。わたしのくつしたやおとうさんのくつしたを、さきにおふろであらって、それからせんたっきに入れました。さきにどうしておふろであらうのかふしぎです。あと、おかあさんがせんたくするときに、だっすいのとき、さっとやるのがうまいです。ほすときすぐにおしゃべりがでてしまうのでへたとおもいます。でもおかあさんはしんけんなかおをしているのでやればできるとおもいました。

（あなんかよこ）

今、子どもたちは洗濯の観察をすることによって「これまで関心を持つことなく過ごしてきた社会事象を鮮明な輪郭をともなって認識しようとしている。」さらに「社会事象との対面に触発されて、他の社会事象にも関心が芽生えてきている。」のである。

……ぼくのうちではあかちゃんがいるので、せんたくのとき、ないたりしてせんたくがおそくなるときがあります。おかあさんはよるするときは、あきなりをねかせてからやります。そして、あきなりをねかせているとねむたくなるので、ときどきそのままねてしまうこともあります。（たぐちてつや）

追求Ⅱ　くつしたの洗濯

社会事象の核心に迫るには、できるだけ具体的に捉えなければならない。その効果的な方法として体験するというやり方がある。体験することによってあいまいな部分が明確になり、観察だけでは分からないことが実感として理解されてくる。

洗濯の体験で、汚れを落とすという一見単純な仕事の、正確な手順やその中にある工夫、身体的な負担の大きさなど実感的に捉えさせ、洗濯をとおして、自分たちの生活が母親によって支えられているということのなかみを分からせたい。

「お母さんと同じやり方で洗濯してみよう」とやらせた。「どうしてきれいに洗えないのか」が問題となる。予想として、「二度洗うのではないか」「洗剤がちがうのではないか」「洗濯機が家のとちがうからではないか」など出される。

自分で洗ってみることによって、子どもたちは洗えば落ちると思っていたものが、洗っても落ちないことが分かって、母親のやっていることについて認識を新たにしていくのである。

……わたしはきのう、かぞくみんなのくつしたをあらいました。手であらいました。モミトルをいっぱいつけてもみあらいしました。ちゃいろっぽいしるもでました。わたしはなぜ、よごれのはげしいくつしたほどあわがたたないのかなと、ふしぎにおもいました。

（かとうあいこ）

……おかあさんは、わたしのしらないことをまた一つおしえてくれました。わたしはおふろののこりをいれるのは、もったいないからやってたとおもったら、おゆのほうがきれいにおちるのがわかりました。どうしておちるのかきいてみたら、せんざいがよくとけるからおちるといいました。

（えがわかなこ）

追求Ⅲ　お父さんのものだけていねいに洗うわけ

子どもの調べてきた洗濯の手順の中に「お父さんのワイシャツのえりに、せっけんをつけてこする」「ワイシャツのえりにのりをつけてほす」「アイロンをかける」とあり、家庭によってはクリーニングに出す場合もある。これは、洗濯という家事労働の中に職業としての労働に従事している父親への配慮があるということである。つまり家事労働によって職業労働が支えられているというのである。一年生という自己中心的な考え方を多分にもっている子どもが、このことを理解するということは、自分の生活について、父親の生活との関係で見直しを迫られ、考え方の変容をしていくことになる。

「お父さんのものだけていねいに洗うのはどうしてか。」という問題について予想したものは、

・お父さんは金もうけをしてくれる大事な人だから。
・会社の人に笑われるから。
など一般的なものであった。そこで資料として、父親の職場での仕事の様子が分かる絵を提示した。子どもたちは、
C　会議など大事なことがある。
C　お客さんが仕事を頼みに来たときよごれたものを着ていると気持ちが悪い。
C　銀行ではきたない服を着ていたら、この銀行好かんと言われる。
など仕事のなかみと結びつけて考えている。父親がデパートに勤めている飯倉君はノートに「おきゃくさまがきもちわるいから」と書いてある。父親の仕事が見えてきているのである。一年生の子どもの目を社会に開くということは、このようなことではなかろうか。
……ぼくは、おとうさんが、こくてつでなにをしているかききました。「はたふりをやる」といいました。だからふくがよごれるとおもいました。（えとうじゅんいち）
……わたしは、おとうさんのふくにつく、ふねのあぶらのことをきいてみました。おかあさんはていねいにあらわないけど、三かいもあらうから、きれいにおちるのよ。といいました。おかあさんのせんたくをみて、とてもたいへんだとおもいました。
（あなんかよこ）

『事実と創造』八二号　教授学研究の会編　一莖書房　一九八八年三月発行　五四頁

愛隣幼稚園長・金田弘司先生を悼む
「子どもへの熱い思念」

河村　大雄

金田弘司先生は、よく「小学校は六年間の一貫教育ができていいですね」と語られていた。

幼稚園では、その一年間に全力をかけた実践をしていくしかないということである。

先生は愛隣幼稚園での一年間に、子どもたちがすばらしく展開していく事実について驚きと、深くいとおしむ気持ちで見つめてこられたにちがいない。そして、その子どもたちの、目を見張るような事実をつくり出してきたご自身の体験から、これが三年間、六年間と積み上げられていったらどれほどに子どもを変革させることができるかしれないと、その結果への期待を、私たち小学校教師に対して向けられていたのかも知れない。

また、三歳保育からの三年間でさえ、五歳児の出してくる日々のすばらしい事実によって、三歳児、四歳児が目標を与えられ、それによって引き上げられていく事実に、六年生までである小学校教育の高まりを想像され、小学校の教師である私たちに大きな期待を寄せられていたのであろう。

金田弘司先生は、それほど、愛隣幼稚園の子どもたちにかけて教育実践をされていたと同時に、愛隣幼稚園の子どもたちの将来について、今の小学校教育の中で、どのように変えていくのであろうかという、一抹の不安を交えながら案じておられたのである。

愛隣幼稚園の実践には前に突き進むはげしさがある。絶対に後戻りは許されない。停滞も考えられない。高まりしかないのである。

金田弘司先生はそのことを第四回公開の紀要にこう述べておられる。

「今回の公開開催を決めた後、一番困難を感じたことは、私たちの心にいつしか忍び寄ってくる『慣れ』に対してでありました。そんな気持ちは毛頭ないと思いつつも回を重ねますとある種の見通しと計算が出来てしまいがちです。……未知の恐ろしさや冒険のない教材選びは一度通ったことのある道路をクルマで走るようなものではないか。失敗の危険をおそれ、それに向かう勇気もない道を行こうとするのは姿勢の後退だ……。」

このような考えに立っての実践の結果として、愛隣幼稚園は不可能を可能にしてしまう集団となっていったのである。金田弘司先生は、その集団の組織者として実践のまっただ中で苦悩されていたのである。

子どもについて強烈なまでの願いを持って実践を重ね、すばらしい成果を挙げながらそれをあっさりと（私にはそのように見えた）否定し去って、再び厳しい努力を重ねて新しい事実を創り出していく、まさに創造のきびしさの中にいる集団。その公開に参加した者全ての心を開き、豊にしてくれる力を持った教師集団を金田弘司先生はつくっていかれた。

先生は、このようなきびしい実践の連続の中でも、大分教授学研究の会について常に心を砕いてくださり、愛隣幼稚園と共に歩む機会を、たくさん私たちに与えてくださった。このことを深く心に刻み、これからの私たちの実践の中に、先生の願いとしていたことを現実のものとしていかなければならないと思っている。

私は、愛隣幼稚園の全職員による表現「利根川」の中で、遠い未来を見つめるような眼差しで立たれている大きな金田先生の姿を忘れることができない。

『事実と創造』八七号　教授学研究の会編　一莖書房　一九八八年八月発行　四三頁から四七頁

学校・学級づくり
「かけだし教頭奮闘記」

河村　大雄

先日、市役所から電話があった。「あなたの学校は、今日締め切りの絵がまだ出ていませんがどうなっていますか。できていたらすぐ提出してください。審査員の方が見えて待っていますから。」と言うのである。これはずいぶん前に来た書類の中に含まれていたものので提出期日など忘れてしまっていた。ところがこれは、市制二十五周年記念行事のための作品で提出がなかば義務的なものであった。あわてて係りの教師に聞いてみると、ちゃんと準備ができていて、これから届けるところだということであった。

このようなことに慌てながら毎日を過ごしている新米教頭である。

この頃ふっと気がつくと、奥歯をかみ締めていることが多い。肩に力を入れて仕事をしているのであろう。

行事板の予定と勝負しながら日々を過ごしているようなところがある。一通の書類を作るときは期限が催促する。行事を一つ消化するには前もって手配をしておかなければならない。このようなことが集中しているのが教頭の机の上であるということを実感しているこの頃である。

たまに代教でクラスに入ると、そこには生きたドラマが展開されており、寸時も留まることのない動く世界がある。つい二ヶ月前までそこで仕事をしていたのであるが、今は何か新鮮なものでも見るような気がしてくる。本来の教育の仕事はここにあるということを常に頭において仕事をしていかなければならないと思っている。

私は今、全校の授業に積極的に関わっていこうと努力している。これは努力というようなものではないかもしれないと思うが、今の私にはやはり「努力」しなければ、つい見過ごしていくことになりそうである。

子どもの内に秘めて持っている力を存分に引き出し高めていく仕事は学校ぐるみでの取り組みの中でこそ効果を挙げることができるということを学んできた。

そのことを私の学校で実現するためにも、全校の授業に関わっていくことが必要である。努めてクラスに出かけていくことを心がけているが、現実には、学校中を一回りして、次々に教室に入るなどという機会はめったにないことが分かった。四月、五月の間に、P

ＴＡの授業参観のときと、市教委の計画訪問のときの二回である。

私が授業に関わるのは、他の仕事をしていて、たまたまそこでやっている授業に参加するというようなことが多くなった。たとえば体育館のカーテンの補修のために行って、そこで体育が行われていたらその授業を参観し、時には介入するというようなことである。

次に四月、五月に実践したことについて述べよう。

一　六年生の音楽の授業に介入

六年生が学年相応に、またそれ以上に力を持ち、そのすばらしさを全校の場で示すことにより、他の学年の子どもや教師が高い目標を与えられ、またそのことに憧れを抱いて努力するようになる。

六年生に歌で力をつけさせたいと考えた。六年生は、校歌や音楽朝会の歌をいい声で歌っていた。

今日は「おぼろ月夜」の合唱指導であった。

少し形式的なところはあるが楽しい授業が展開されていた。最初の斉唱のとき、私が低音部を歌ってみた。低音部は難しいという意識をなくすためであった。しかし低音部の練習に入ってみると音程がうまくとれないで困っていた。そこで指揮をしながら口形をはっきりさせるように指導してみた。

声はだいぶ出るようにはなったが合唱になると低音部があやふやになったりした。このあと、今月の歌「手のひらに太陽を」を歌って終わった。子どもの日記に次のようなものがあった。

……今日、音楽のとき、教頭先生が来て、いっしょに授業をした。教頭先生は、口のあけ方などよく教えてくれた。おぼろ月夜は低音がむずかしい。何回もまちがえていたけど声はちゃんと出していた。最初から通したとき、一段目と二段目は声がしんけん出ていたのに低音になると、きゅうに声が小さくなり、私も小さくなった。私は低音はだいたい分かった。今月の歌を歌った時、みんな声がよく出ていた。歌の中で「まっかに流れるぼくのちしお」の所になると教頭先生は声を大きく、手をあげたりして、私と留美ちゃんは、しんけんに笑った。今日は、高い声もよくでた。五年のときよりしんけんに高い声がでるようになった。歌っている時、しんけんな声を出して歌えて気持ちよかった……。

この指導の後、六年生担任に、朝の会や帰りの会を利用して、いい歌を歌わせるように努めているがまだ実現していない。

音楽朝会などで発表する機会があるので、六年生に発表させたいと策を練っているところである。

二　バケツの絵

新卒のKさんにバケツの絵を描くことを勧めた。学校では、学年初めのPTA授業参観の日を一週間後に控えていた。各クラスでは、子どもの作品などを教室に貼り出して保護者の参観に備えていた。Kさんの教室では、まだ何も準備ができていないようであるのでバケツの絵を描かせることを勧めた。毎日、掃除のときに使って親しんでいること、形が同じで教師が指導しやすいこと、材料が身近にあることなど、Kさんにとっては、取り組みやすい題材ではないかと考えた。

私にはもう一つの意図があった。それは、Kさんの実践により、他の教師を刺激する事である。絵についてあまり関心のない教師たちに関心を持たせると同時に、指導力もつけさせて、絵によって子どもを変えていけることを知らせたいと思った。

Kさんは、色付けのできていない下絵を掲示することに不安を持っているようであるので、鉛筆で描いたものでも、それは下絵ということではなく、一つの作品として完成されたものであること、またそのような気持ちで指導するように話した。戸締まりのために教室を回って見ると、Kさんの教室ではバケツの絵が貼ってあった。全員の子どもが画用紙をいっぱいに使ってのびのびと描いており、バケツの丸みが、かげをつけることでうまく表現されていた。Kさんに感想を聞いてみると、案外うまく描かせることができたと満足気であった。

このことを職員室で話題にしていった。絵の指導についてみんなに関心を持たせたいと思った。『斎藤喜博と美術教育』（上野省策編、一莖書房）も持ってきてみんなに見せて、描き方などについても話し合ったりした。

三年生が靴の絵に取り組んだ。やはり鉛筆書きであったが、影のつけ方がうまくできており、くつの立体感がよく表現できていた。

全作品を職員室に貼り、職員会議のときに見せた。三年生はこの後色付けもしていくのであるが、それも塗り重ねがうまくできており、布の質感やくつの量感がよく表現されていた。絵の指導は六年生でも実践され、一枝の花の絵を色付けまで仕上げた。これも職員室にはりめぐらせて見せた。ふざけて、値をつけたりしながら見ている教員もいたが、描き方を話題にしながら見たり、自分の好きな絵を言い合ったりもしていた。

私は校内での実践の中からいい実践を見つけ出し、みんなの前に出していくことを考えている。これは絵の指導だけでなく、体育でも、歌でも、算数でも国語でも、そのようにすることが教師の指導力をつけることになると思うからである。そして校内から優れた実践者を発掘することがとても重要なことだと思っている。もしいなければ、そのような教員を校内でつくらなければならないと思っている。

三　よってたかって指導する授業

四年生のKさんは、市教委の計画訪問で、跳び箱の開脚跳びの授業をすることになった。

折りあるごとに先輩を捕まえては指導の方法を聞いたりしていた。聞くだけで指導法が理解できるものではない。そこで、新卒のKさんにも、私たちにとっても勉強になるやり方で研究授業をやってみることになった。題して「寄ってたかって指導する授業」である。Kさんのクラスの子どもたちを全職員で指導して、開脚跳びを全員にできさせるようにする授業である。

準備運動でKさんは徒手体操だけして跳び箱に向かわせようとした。そこで介入をして、他に準備運動はどんなものが考えられるか、Yさんにやらせた。Yさんは、かえる跳びで足をたたくやり方を子どもたちにやらせた。腕の支えが弱く、すぐに転んだり、腰が高く上がらない子もいた。準備運動についてはもっと多様なやり方を学びたいと思ったが他の機会に譲った。

開脚跳びに移った。助走を子どもまかせにして、距離を遠くにしていたので三メートルくらいのところまで近づかせてやらせた。荒々しさがなくなってやわらかく跳び越せるようになった。助走を短くすると不思議に脱力して跳ぶようになる。女の子の中には、跳び箱に跳び乗るときに、両足できつく跳び箱をはさんでいる子がいる。そんな子には、力を抜いてやわらかく跳び乗るようにさせるため、踏み切り板の上に立たせて跳び乗らせたりしてみた。

跳べない子だけ集めて跳ばせることになった。Tさんは、うさぎ跳びをやらせることから始めた。Yさんは、その後を受けて、台上での手をつく位置をできるだけ前にすることを指示しながら、尻をかかえて跳ばせた。このようなやりかたで時間の終わりには一人を残してあとは全員跳べるようにしてしまった。

私が今、推し進めようとしていることは、一つの授業をみんなの力を出し合ってつくるということである。誰もが口や手を出しながら一つの授業をつくっていく態勢を学校の中につくり出していきたいと思う。

このことは二つの大きな意味を持っている。一つは従来の研究授業のイメージを壊していくことである。一人の教師が授業をして、後で授業記録などを手がかりに検討していくという従来のやりかたでは授業は変わらない。殊に私の学校のように、校長、教頭を除いた平均年齢が二十八・六歳というような経験の浅い教師集団ではそうである。自分たちも手をくだし、口を出して授業の主体者になることで授業の方法をつかみ、問題点を自覚していく。これは、私たちが受講している大分大学の野村新教授の現職教育講座の現場版である。そこに参加している誰もが研究の主体者となって取り組むやり方である。

もう一つの意味は、あるクラスの授業についての問題点は全職員の力で解決していくという学校ぐるみの態勢づくりである。新卒の教師が三名、教師二年目が二名いるが、このような教師たちは、教室の中で授業の問題点を抱えて悩むことも多いはずである。それをみんなの中に出して考え合い、実際の授業を試みながら指導力をつけていく。これは、いつでもどこでもできる気安さが重要である。

今は体育の授業でやっているが、指導の結果がすぐに出る歌の授業や絵の指導でもやってみたいと思っている。そのうち、詩の授業などを中心に文学教材での授業でもやれるかもしれないと考えているところである。

四　朝会での指導

朝会での集合の仕方がすっきりとしていない。全校児童が三百六十名ほどしかいないのに、校庭の真ん中にぐちゃぐちゃと集まっている感じである。そのなかで、六年生のいる場所だけが整然としている感じである。六年生は、大きく間を開けて並んでいる。そのため、風通しのよい林を見ている感じである。

教室へ帰るときの歩き方も、そのことを意識して歩かせていなかった。前の人にくっついたり、走ったりして目的のない歩き方になっていた。六年生は走るようなことはなかったが腰がひけた歩き方になっている子が多かった。次の朝会の退場のとき、係りの教師と変わって美しい歩き方について話した。腰を中心に体を前進させること、前の人との間隔の取り方を考えて歩くことの二点である。そのあと全員を座らせて六年生だけ退場させ、歩き方を見せた。腰を中心にした歩き方は十分ではなかったが、落ち着いた歩き方ができた。間をとって歩いていることを、説明しながら見せた。その後五年生から順に四年生、三年生といつもの逆に退場させ、その間に指導の言葉を入れていった。

歩き方ということを教師自身があまり意識して見ていないところがある。しかし、いざ歩行の指導になると、「足をそろえて」とか「四人がきちんと並んで」とか「手を大きく振って」とかの指示が飛ぶ。本当の美しい歩き方とはどんなものであるかを、教師に知ってもらわなければならないと思った。

印刷室で仕事をしているとY先生が、教頭先生の歩き方の指導が大変参考になりますと言う。どんなところが参考になるのか聞いてみると、大きく間を開けるとか腰で歩くなどこれまでにあまり意識していなかったということであった。私は、間をあける指導について、ただ形が美しいということではなく、子どもの一人ひとりが、その立っている場で自分の世界を持つことが大事であり、その子の意志で支配できる空間が広がることによって自立できていくこと。そのことは、朝会や体育のときに並ぶことのみに留まらず、歌うとか朗読とか自己を表現していくとき、その子らしさを表出していくことにもつながっていることなどを話した。

体育主任のTさんも、子どもの行進の指導で、「前との間隔をきちんととって、開き過ぎないようにしなさい」と言っている。

並び方や歩き方を形式的に捕らえて指導していくと、子どもの生きる力を失わせる結果となり、怠惰な人間をつくってしまう。逆に表現として捕らえて指導し、子どもを生かしていけるような力を教師がつけていくことを願って朝会づくりを続けていかねばならないと思っている。

五　校歌の解釈

大分三佐の青空は
きょうも澄んでる　美しく
大分三佐の強い子は
きょうも元気で　走ってる
三佐　三佐　三佐
大分三佐

これが私の学校の校歌である。

子どもたちに歌わせる内容は何なのかを考えてみた。まず「大分三佐」の解釈である。

一番の歌詞だけでも三度も出てくる。三番までとおせば七度も使われている言葉である。何人かの教師に、なぜ「大分三佐」と言うんですかと聞いてみた。私は「三佐」と言えば分かるところを、わざわざ「大分」をつけて呼んでいることを問題に感じたからである。

最初に返ってくる言葉は「さあ」である。そんなことは考えたこともないという顔である。これまで解釈なしで歌わせていたのであろう。次に「大分の三佐」という答えである。それじゃ大分以外にどこかに三佐があるんですか、別府の三佐とか国東の三佐とか、と聞いてみると、それは知らないと言うのである。（私が調べた範囲では県内に同じ地名はない）

単なる「大分の三佐」や語調だけのものとは考えられない。「大分三佐」にこめられたものがあるはずだと考えた。

三佐小学校の校区は、山の多い大分市の中にあって山らしいものは全くなく、二十キロも遠くにある由布、鶴見の山々が最も近くに見えるほど広い空の広がる地域である。江戸時代から竹田の岡藩の物資の集散地として栄えた港町であった。現在は大分鶴崎臨海工業地帯の真ん中にあって、見事な松原のあった海岸は埋め立てられ、学校は化学工場に取り囲まれて建っている。

「大分三佐」が「三佐」だけの場合、三佐という小さな地域に限定されてしまう。しかしこの三佐、大分市を覆う広大な空を持った三佐であり、大分に誇れる歴史や文化を持った三佐である。

校歌の最後の歌詞「三佐三佐三佐」をどのように歌わせるかも、詩の解釈の中にある。子どもたちの歌は、最後の三佐で消えるような歌い方になる。高い音だから頭声発声でという指導上の問題点もあるが、解釈の弱さが出ている。

教材解釈の中から、指導の方法が生まれるという常識を職場の中の常識にしていかなければならない。校歌は学校の行事のあるごとに歌わなければならない。解釈も持たずに、漫然と歌っているとすれば、そのたびに形式的なむなしさを子どもたちに体験させていることになる。

日常的な授業や行事の場でも子どもの力を引き出し高める実践をしていくために、解釈を深める集団をつくっていきたい。ある校長が「私は為すことを急がなければならない。一年間は様子を見ていて……などという余裕は残されていない。」といった言葉を今、身につまされて思い起こしている。

学校の全体を見渡せる立場に立ち、職場を組織しやすい条件はある。学校の事実をわずかでも動かす実践を着実にすすめていきたい。

『事実と創造』一〇七号　教授学研究の会編　一莖書房　一九九〇年四月発行　六〇頁から六一頁

書評　佐久間勝彦著

『教材発掘フィールド・ワーク』（日本書籍）

河村　大雄

私は私の属している大分市小社研の仲間の実践について、教師の教材解釈の重要性を指摘してきた。それは、これまでに提案されてきた授業で教師の教材解釈が十分でない場合は、子どもたちの追求も深まりがなく、たてまえの議論に終始して意欲が感じられない授業が多かったからである。

しかし教材解釈の方法論となると心もとないものであった。社会科の場合、教材解釈は教材づくりとか教材発掘と、一体のものであるからである。

このようなとき、この書が出版されたことは、私たちの実践を発展させるものとして大変ありがたいことである。

私たちの実践の中では、差し迫った授業のための教材研究が多いのであるが、教師が教材研究を多様に豊かに持っていることによって、教師自身の中で課題が明確になり、子どもの持っている常識的な認識を突き崩すような大きなゆさぶりをかけることができ、子どもたちの学習を意欲的なものにすることができる。

小社研の仲間の一人、古谷さんは、大野川沿いの、過去にたびたびの大洪水に悩まされ続けてきた、戸次という地域の学校に勤めて、校区に見られる、高い石垣の上に建つ家に目をつけて教材化していった。石垣の上に建つ家は、昔からある古い家が多いこと。家の周囲に竹林のある家が多いこと。それを新しい団地の家と比較して調べたりした。古い家の中に入って見るとそこには洪水に備えて、部屋の作りにいろいろと工夫を凝らしてあることが分かったりしている。

また田村さんの場合、大きなインダストリーのすぐ隣に店開きしている、「たぬきや」という個人経営の店に目をつけて、教材化していった。インダストリーと同じような品物を扱っているのに「たぬきや」の経営が成り立っているのはどうしてかという疑問からであった。（本誌九七号に野村新先生によって紹介されている。）

このように、私の周りでもぽつぽつと教材発掘の芽は見られるのであるがそれが広がりを見せないのはなぜか。

第一には食わず嫌いの傾向があることである。社会科と聞いただけで、面倒で困難な教科だと思い込んでいる節がある。第二には、社会科と取り組んでみたいが何をどうやればいいのか分からないということがある。教材化の方法が分からないのである。

それに対して　この書は、社会科の授業に取り組むものに夢と希望を与えてくれる。

その一つは、教材発掘の楽しさである。その中でも教師の目が社会に開かれていき楽しさが味わえるということである。教えるということを抜きにしても、ある社会事象について、これまでに経験したこともない新しい世界が次々に目の前に開けていくことは好奇心を限りなく満足させてくれる。

著者は、前著『地域教材で社会科授業をつくる』の中で「子どもの目が社会に開かれる授業」ということを書いているが、『教材発掘フィールド・ワーク』では、子どもの目を社会に開く前に教師の目が社会に開かれることの重要性が述べられている。歴史の授業の原則として「その場に子どもを立たせる」ということがあるが、これは、まず教師が歴史の現場に立たなければ子どもをその現場に立たせることはできないということである。

夢と希望を与えてくれるその二として、「教材化の方法」の書としてである。

教材化の方法として「身の周りに教材を発掘する」という。

私どもの先輩の話の中にもこのようなことがあった。それは、スーパーに行くとキュウリが入り口付近に並べてあり、奥に行くとそこにもパック入りのキュウリが置いてある。同じ店内で同じ品を、どうして二箇所に分けて置いてあるのか。しかも入り口のもののほうが値段が安い。そんなことをしては奥の棚のキュウリは売れないのではないか。売れないことが分かっていて店の人はなぜこんな事をするのか。

社会事象について、このような見方をすると身の周りに教材化できるものが転がっていると言うのである。

なんだか、何でも教材化できそうな気分にさせられてくる。

教材発掘の本命は何と言っても、第五章の「現地に足を運んで教材を発掘する」であろう。私もこれに似たようなことを何度か試みてきた。しかし授業ではいつも子どもが意欲的になれぬままに終わった。問題点は教師自身の教材解釈の不足にあった。

「百読は一見にしかず」であり、「身銭を切って現地に足を運び、取材をした重みは教材の端ばしに顔を出すもの」である。

著者は、「教材発掘フィールド・ワーク……私の手法」の中で、「現地調査に何回も出かける」と述べている。やはり自分の目を社会に開くためには、現地取材は欠かせないことのようである。現地取材をすることによって、ますます疑問が深くなったり新たな疑問が生じたりする。逆に疑問に思っていたことが現地に出かけたことによってすっきりと解決したりする。著者も「いつの間にか小堀の人の目で〈飛び地〉の問題を見つめるようになっていた」のである。

取手小学校への通学の道筋をたどっていく間に、船の中での小学生の席、中学生の席が決まっていることや楽しげな子ども同士の会話、捨て犬の家などに出会う。

これこそ「その現場に子どもを立たせる」ための教師の教材解釈なのではなかろうか。

『事実と創造』一三七号　教授学研究の会編　一莖書房一九九二年一〇月発行　八頁から一八頁

小特集・学校をつくる
「私の学校づくり」

河村　大雄

一　はじめに

学校の中には若さがあふれていた。しかし、その若い教師たちの力は、組織されたものにはなっていなかった。日常実践も、その若い力が、子どもたちに力をつけていくものになっていなかった。

この力をまとめて組織された、学校としての機能を十分に発揮していくためには、学校の中に一石を投じて波紋を起こす必要があった。それによって教師たちの持っている指導観、学級経営観、学力観、教科観を変え、学校の体制の変革と教育についての思想を育てていくことが必要であった。

私の実践の根底にある考え方は、全ての子どもが内に秘めて持っている、無限の可能性を、限りなく引き出し高めていく指導をしていかなければならないということと、そのことを最大限に実現していく学校の体制・学校文化を、つくっていかなければならないということであった。

学校は、単に六歳から十二歳までの子どもを集めて教育しているのではない。一年生がいて、六年生がいることが必要なのである。一年生だけとか六年生だけというのでは効果的な教育はできない。一年生より二年生、二年生より三年生と、上の学年になるほど力が付いているというように、それぞれの学年が、学年にふさわしい力を持って集まっていることによって、互いに影響を与え合ったり、刺激し合ったり共感し合ったりしながら、互いにそれぞれの力を引き出し、高め、伸ばし合う集団であることが必要である。

教師の場合も、一人の力には限界があるという認識に立たなければならない。それぞれがばらばらに仕事をするのではなく、全員が同じ目標に向かって、考えを出し合い実践を出し合って、日常的に交流を持つことによってそれぞれ指導力を高め合っていく教師集団であることが、子どもの力を最大限に伸ばしていくために必要である。

二　なぜ「歌」なのか

私は、全校を組織していくための手がかりとして、歌を歌わせることに取り組んだ。六年生を音楽室に集めて歌わせたりもした。

五月の初めに、今年他校から転任してきたTさんが「わたしは、校長が子どもたちに歌を歌わせたりしているのは刺激の少ない三佐の子どもたちに刺激を与えて、活性化を図っているということが最近になって分かってきた。前任校のような中心部の子どもは、多くの刺激の中にいるので、自分の力をそれによって引き出されているが、三佐の地域ではそのようなことがない」というような趣旨のことを話した。

先生たちは、歌を歌わせることについて、一般的に、情操教育だとか、合唱力をつけるとか、文化的な活動をさせるとかいうことで捉えている。あるいは、歌を歌わせるのは、その人が音楽に堪能な人だからとか、音楽が得意だから熱心に取り組むのだと思っていたようである。

しかし私は、歌によって学校を変えていこうとしていたのである。

……歌は表現である。歌が歌えると言うことは、その子どもの内なるものが開かれているのであり、耕されて豊かになっているのである。歌えなかった子どもが歌えるようになったと言うことは、その子が内から変えられてきたということである。心が開かれて素直になったり、謙虚さが身についたり、消極的であったのが、積極的になったり、伸び伸びと行動できるようになったり、意欲を持ってきたり、心豊かな子どもになっているのである。

また、歌えるようになったということは、その子の学力が高められたということである。なぜなら、歌えるということは、子どもがそれなりに、歌詞や曲想についての解釈力などが豊かになっていることの証である。私はそう考える。これはできない子をできるようにしていくという、教育のもっとも大切にしなければならない部分の実践である。

合唱などは、多くの友達と自分との協力や調和、ひびきあい、心の通いあい、交流、対応などが要求される。また、全員が力を付けてくることによって、歌えないと思っていた子が自分より上手に歌ったり、発表のとき小さな声しか出せなかった子が大きな声で歌ったりという、友達の意外な面を目にすることができたりして、友達の本当の力を知り、かけがえのないものとしての関係がつくられていく。

歌唱力がつけばつくほど、充実感や満足感が味わえ、感動体験をすることになる。それは、自分ひとりの力でのものでなく、クラスの全員の力でつくり出したという、連帯感にもなって高まり、強い絆をつくることにもなる。

「差別をしないように」とか「なかよくしましょう」などという必要はなくなる。

……

Tさんに私はこのようなことを話した。

教師が実践をしていくときには、その人の、教育についての思想とか考え方とかが大変重要になってくる。思想や考え方によって、歩くということが軍隊式の形式的な行進になってしまったり、反対に、歩くことの中で、その子のその子らしさを引き出し、さまざまな力を、身に付けさせることができたりすることがおきる。それは歌についても同じことであった。

先生たちの中に、歌わせることによって子どもたちを変えていこうとする動きが見られるようになった。

朝会などで歌わせるとき、「今月の歌」を単に一回だけ、子どもの指揮で歌わせるというようなやり方とか、全校の子どもたちへの発表のとき、教師が指揮をしないで歌わせるというようなことはなくなっていった。

その頃、六年生は「荒城の月」に取り組んでいた。

これは、音楽朝会で全校の子どもたちの前で発表するためのものであった。

音楽朝会については、子どもたちがその学年にふさわしい力を全校の子どもたちに示すことによって、、その学年以外の子どもたちに高い目標を与えることになったり、互いに影響を受けあって、発表した学年と全校の子どもたちとの、歌を通じての交流が始まることになると考えていた。

次の文は発表の後の子どもたちの感想である。

○リハーサルのときより迫力があったと思います。今日はあまりきんちょうしなかった。一組も二組も負けずに、いっしょうけんめいにがんばったと思うので、とってもよかったと思います。今度は、「空」に全力をつかいたいと思います。

○練習のときは全然きんちょうしなかったけれど、やっぱりみんなの前だときんちょうして、心臓がどきどきして止まりませんでした。とても大きな声が出てよかったと思う。でも、一組の方が声が大きくて初めのときつられてしまいました。今日が一番よかった。

○私たちは五月くらいから「荒城の月」の練習を始めました。最初聞いたときは音が高いなあと思いました。修学旅行のバスの中で、先生とつよし君が二部合唱をして、とてもきれいでうまかったので、みんなで、こんなにきれいに歌えればいいなあと思いました。発表のとき、歌い始めはとてもきれいに歌えていたけど、あとで、ちょっと声が小さくなってばらつきました。よくできたと思います。
○ぼくはこの歌がすきになりました。練習しているとき、校長先生や三浦先生からやさしく教えてもらい、うれしくてたまらなかった。今日の発表もよかったと思います。でも、練習のときより悪かった。これからもがんばっていきたい。
○わたしは、うまいなと思いました。わたしたちも六年になって、あんなにじょうずになるんだな。真剣に歌っている人とあんまり歌っていない人もいました。わたしなら、大きな声できれいに歌うのにな。みんなあわせて歌うと、大きな声で、きれいに歌えるんだな。私もきれいな声になりたい。とってもうまかった。（三年生）
○とてもうまかった。ハモッていて一人一人の声が聞こえた。私もあんなにうまくなりたいなあと思います。六年生だからさすがと思いました。（四年生）
○すごいと思いました。二部合唱で声も大きく、ぼくのところまでよく聞こえました。僕が歌っても六年生みたいな大きい声は出ないと思います。やっぱり六年生はすごい。（五年生）

子どもたちも高まる喜びを感じている。他の学年の子どもたちは、六年生の力に憧れを抱き、その水準に自分たちも達したいという願いを持つようになっている。これは、教師がどの子にも力をつけていくことの大切さを実感して取り組んでいるからである。その結果、六年生が六年生にふさわしい力を全校の子どもたちに示すことができたのである。

三　なぜ間隔を広く取って歩くのか

私は、歩行や並び方についても、全校朝会などのときに手を加えていった。「歩き」の指導を通しての学校づくりである。

「歩き」を見ているとクラスの力が分かる。荒れているクラスの子どもや、心の満たされていない子どもの歩きはしまりがなく、目的を持った歩きはできていなかった。間をとって歩くようにとか、腰で歩くようにしてはというと、先生たちは、手を大きく振らせ足を高く上げる行進をさせたり、きちっと同じ間隔を取って歩くようにさせたりする形式的な指導が始まる。毎日の授業もこのような形式的な進め方をしているのである。今度はSさんが、職員会議のとき「なぜ、間隔を広くあけて歩かせなければならないのか理解できない」とぶっきらぼうに発言した。

TさんやSさんが、このように発言してくれることを、ありがたいと思った。それは、TさんやSさんの中で、このようなことについてのこだわりが起こっているのであり、疑問や葛藤が生じているのである。そのこだわりがみんなの前に出されることが重要なのである。

校長が歌を薦めるから歌わせるとか、歩行についてやかましく言うから形を指導するということでなく、このように発言があることによって、みんなの中にもこだわりを持ち込み、実践について考える機会を与えることになる。私の投じた一石の波紋を大きく広げる役割を演じてくれることになる。私は、Sさんの疑問に答える形で、「なぜ間隔を広く取って歩くのか」という文を書いて全員に配った。

……「人間性豊かで、たくましく、意欲と行動力を持ち知性と創造性に富む心身共に健全な、主体性のある子ども」という学校目標や、「考える子」、「きまりのよい子」、「がんばる子」という子ども像は、その背景に、子どもが当然身に付けておくべき力として、自立的行動がとれることや、主体的であること、柔軟な対応ができることや精神的な強さとか、自立的であるとか意欲的であるとか、向上心があるなどが考えられる。

このような力を身に付けていくのは、学校生活のあらゆる機会を捉えて、行わなければならない。「歩行」とか「行進」などの活動も、このような力を付ける絶好の機会である。

「歩く」という行動は、目的的行為であるはずである。体育館へ行くとか教室へ帰るとかの目的を持って歩く。その場合、単に移動するという目的ではなく、体育館へ行ってすることの内容についても目的を持っているということである。音楽朝会であれば、歌う歌について意気込みを持って歩くというように、体育館へ向かって歩くにはそれなりの目的がある。

それは、自主的で主体的でなくてはならない。しかし、果たして主体的な行動をしているかというと、そうはなっていない。動かされているだけの状態が多く見られる。歩くという行為を真に目的的なものにし、本当に自主的な行動にするにはどうしたらよいだろうか。それは、前の人が歩くから、それにつられて自分も歩くという歩き方をなくすことである。人が歩くから自分も歩くという行為には自制も働いていなければ主体的でもない。その子の意思がそこにはないという状態である。つまり自立できていないのである。

前の人との間隔を広くあけて歩くというだけで、そのような歩き方はできなくなる。間隔を広く取って歩くことによって主体的に行動する子どもになる。また、歩くという中で急いで歩きたいのを我慢して、他との対応を考えて間を取りながら歩くという、自立的な自制心の効く子どもにもなる。

間隔を広く取ると、子どもたちは不安を感じる。頼るところがなくなり、隠れるところがなくなるからである。自分の責任で歩かなければならなくなる。いつ歩き始めたらいいか、どんな歩き方をしなければならないか、などすべて自分の頭で考えて行動しなければならない。子ども自身が自分の判断によって間隔を広く取ることができるということは、その空間を、その子が支配する力を持つということである。

ところが、空間の支配力のない子どもは、空間が広がれば広がるほどに不安定になり、場をもてあましてしまう。そこに自分の世界をつくれないのである。日常的に授業や生活の場で、いつも狭い空間の経験しかさせられていないと、広い空間を自分のものにすることができない子どもになる。そして、これがそのクラスや学校の、子どもたちの力になって定着してしまうことにもなる。

歩くということを表現としてみたらどうだろうか。表現としての「歩く」は、もはや歩くこと自体が目的となる。どこに行くという目的はなくても、美しく歩くとか、リズミカルに歩くとか力強く歩くとか、すべるように歩くとかが目的になる。そのようなことが身に付いて歩くということになると、歩くという行為の中にもその子の思想が感じられることになる。そこには、「廊下は静かに、右側を歩こう」などという生活目標は、必要なくなるのではないかと思う。……

歩行にも変化が現れた。きちんと同じ間隔で歩かせたりすることはなくなり、子どもに考えさせたり、呼吸を測ったりさせる指導をするようになっていった。しかし、そのようなやり方の中でも形式的なものはぬぐえなかった。それが決定的に出てきたのは、運動会のリズム表現であった。自由に自分の位置を取らせて表現させようとすると、運動場の真ん中あたりにごちゃごちゃと固まってしまうのである。特に一・二年生などは列をつくってやればできるが、自由表現になると、どうしても集まってしまう。他との対応や、間がとれないのであった。

リズム表現の指導の中で、子どもの動きを見ていて、先生たちは子どもたちに、踊りの形を教えるのでなく、子ども自身の解釈による表現をさせるものであることや、その動きに必要な空間を子ども自身が決めて、間を取って動くことや、他との対応によって自分の位置を決定していくのも、子ども自身であることなどを学び、子どもにどんな力を付けていくことが大切なのかをつかんでいった。そしてこのことは「おむすびころりん」の表現に生かされていった。

次の文は、六年生が一年生のする「おむすびころりん」を見た感想である。

○のびのびと演技していてよかった。みんなよりはなれて演技をしていた人は、恥ずかしがっていなくてすごい。私だったらできないだろう。ことばを言う人も大きな声ではっきりといっていたのがうまかった。自分なりの表現の仕方がたくさんあっておもしろかった。

○すごいと思った。それは、一人ひとりが自分のおどりをしていたから。それと、餅つきを二人でしている人もいたから、とてもおもしろかった。

○体育館の半分をとってやっていた。みんなから離れてのびのびセリフを言ったりおどったりしていた。みんな自分で考えたおどりもあり、それぞれ違った感じがしておもしろかった。

六年生が一年生のオペレッタに感動している。ここには、一年生だからこの程度のことしかできないといった、軽んじた見方は全く感じられない。むしろ、一年生に、演技やセリフについて学んでいるのである。

自分の世界をつくって立つということが、学年の高低に関わらずいかにできていないかということである。要は、教師が実践の思想として持っていて、そのことを子どもたちの上に実現していこうとしているかということである。

四　行事による組織化

私は、学校が学校としての機能を存分に発揮していくためには、組織された集団でなければならないと思っている。影響の刺激を受け合い、高まり合いを求めて交流し合う組織体でなければならないと考えている。

学校を組織していくためには、内容のある質の高い行事が必要である。

行事を持ち込むことによって、学校全体に教育実践の方向がつくられる。全校が同じ方向に向かって努力していくことによって、学年と学年、学年と学級、学級と学級で交流が起こり協力したり刺激し合ったりして、高まりを求め、生命体・人格体としての学級・学校の組織化がなされるのである。学校全体が変わっていくのである。私の学校には、「ファミリーＰＴＡ」という行事がある。ここでは、歌やオペレッタや体育を発表して家族の全員に見てもらう行事である。

先生たちの、この行事への取り組みは非常に安直に思えた。単に保護者たちに見せるものをするという考えに立ってやっていて、この行事に取り組むことにより、子どもの可能性を限りなく引き出し高めていくという、願いが感じられないのである。

私が学校づくりで願っていることは、各学級の中にいる、先生や友達を困らせている何人かの問題を持った子どもたちをも、この行事の中で変えていきたいということである。行事で力をつけていくことによって、その子のいい面を引き出し、問題行動をなくしていくことができると思った。

夏休みの研修のとき「ファミリーPTAのねらい」について、全員に話した。

……テレビで、「東北縦断七五〇キロメートルリレーマラソン」(福島県内郷高校)の紹介があった。百二十人ほどの生徒が八グループで、下北半島の最北端の町から、福島県いわき市までの七五〇キロメートルを、昼夜兼行でリレーしながら歩き通すということであった。レポーターが「出発のときの顔とゴールのときの顔がぜんぜん違う。ゴールしたときは、すごく疲れた顔をしているけれど、とてもいい顔をしていた。」と話していたのが印象的であった。荒れた学校からの脱却をねらって取り組んだそうである。歩くことの感動体験である。

長い距離を歩くということだけでも全員で取り組んで、やり通したということで感動し、子どもが変わるのである。苦しいことに取り組んで、それをやり遂げさせるということは大切なことである。

その苦しいことが、もっと質の高い内容を持ったものであれば、さらに深い感動を味わい大きく変わることができる。高校野球などもその一つであろう。長い間かけて目標に向かって練習を重ねてきて、その成果を試すのである。その中には、技術の向上ということもあるが、それ以上に、人間関係の調整などで多様な葛藤や悩みを克服していくことによって人間的に変革を遂げたりする精神的成長の過程があるはずである。それらのことを含んで強い感動を味わうのである。

しかし、こういう高校野球は選ばれたものや希望者の集団のドラマである。学校ぐるみの実践は、一人残らず全ての子どもを対象にしたものである。そこに大きな違いがある。やりたくない者はやらなくてもよいということではない。高度の集団づくりの過程が必要である。そして、どの子にも満足感を味わわせ、子どもを変えていく実践でなければならない。それは、一人ひとりの技術の高まりの面からも、人間的な成長の面からも満足させ心を開放してやらねばならないものである。

三佐小学校での、「ファミリーＰＴＡ」もその意味から重要な学校行事である。

私たちは、どの子にも学力をつけてやることを目指して実践している。それは、できない子はいないという考えに立つもので、できない子が目の前にいるのを、そのまま見過ごさないという実践である。漢字のテストをしたとき、全員に八十点以上取らせるというように、非常に具体的なものであり、日常的な実践である。私たちは、教師の指導力の重要さに目をつけて授業の力量を高めるために研修をしている。その重要な柱となっているのが、一つは校内研修である。指導力を高める研修のもう一つの柱は、学校行事の充実ということである。

学校行事を充実させるということは、学校行事の中で、子どもたち一人ひとりが持っている力を余すところなく引き出してやることである。学校行事を通り越していった子どもたちが、全員新しい自分になっていることが重要である。

ファミリーPTAで発表する音楽や表現、体育は、指導の結果がすぐに出てくるので自分の指導力を試すには大変分かりやすい。できないことを子どものせいにするのではなく、できない子はいないという考えで取り組み、子どものできる事実を目の前にすることで、どの子にもできさせることができるという確信を持つことができる。

このようにして、力を付けさせてきた子どもたちを保護者たちに見せるのがファミリーPTAである。保護者は自分の子どもを通して学校の教育を理解していく。自分の子がどんどん変えられていくのを見れば、保護者は安心する。そして学校に全幅の信頼を寄せてくる。私たちが毎日の実践の中で真剣な気持ちで努力していることを、保護者たちに、正当に理解してもらう機会はなかなかない。ファミリーPTAはその絶好の機会である。保護者をも巻き込んだ学校ぐるみでの実践である。

ファミリーPTAの重要さは、学習の成果を見せることだけではない。保護者たちの前で、これまで身に付けてきたことを発表する中で、子どもたちは新しい力を引き出されていく。

これまでの練習の中では、いくらしてもできなかったことが、発表のときにできてしまうことが起きる。

ファミリーPTAという場は、子どものうちに秘めている力を、観客の期待の強さによって引き出してやる場でもある。……

毎月取り組んでいる学校行事として、体育朝会と音楽朝会での発表がある。学年単位で全校児童の前で発表するものである。

ここで六年生は「頭はね跳び」(台上頭支持倒立前転)を発表した。この中で、問題行動のあるK君やT君を何とか変えていくことはできないかという、強い願いを持っていた。音楽朝会の発表のときも、ファミリーPTAでの発表会のときでも歌の力を付けてやることによって、変えることができるのではないかと取り組んだが、果たせなかったのである。

特にK君については、感情の起伏が激しく、気に入らないことには絶対に取り組まないなど、気まぐれのところがあって担任を困らせていた。

頭はね跳びの練習もしないことのほうが多かった。担任はK君に練習に出るよう仕向ける努力を重ねていった。倒立も全く足が上がらない状態からの出発であった。ところが、発表会では、全員が補助なしでやれた。もちろんK君もできたのである。発表会を見た四年生、五年生の感想である。

○今日ぼくたちは三点倒立をマットの上でやってみた。足が上がるのも大変難しかった。それなどもできるとはとてもすごい。起きるときなどはさすが六年生で、ほとんどの人が足はつま先まで伸びていた。とてもすばらしかった。

○六年生はすごいなあと思った。私は台上前転はできるけれど、跳び箱の上で逆立ちをするなんてとてもできないと思った。二時間目の体育のとき私たちは六年生のやったことをやることになって、マットをやった。できた人は三人くらいいたが、私はできなかった。さすが六年生だなあと思った。

○すごいと思った。ふみきって、それからほとんどの人が足が伸びていたのでびっくりした。私はマット運動がきらいです。体育で側転をしたときぜんぜんうまくできなかった。側転も頭はね跳びにつながると思った。六年生はとてもうまかった。

K君はこの後、マラソン大会でも練習を続け、K君自身としては満足のいく成績を挙げることができた。そのときの感想である。

「今日のマラソン大会の完走はよかったなあ思いました。わけは毎年二十七位や三十三位という悪い成績だったけど、今年は、二十二位だったからです。しかも、れんしゅうの時より悪かったのは、初めからとばしすぎたからです。和と康太のすぐ後ろにいたけど疲れて五人ぐらいにぬかれてしまいました」

K君は、これまでに、体育についても歌についても、こんな感想文をめったに書いたことはなかった。徐々に心が開かれてきていることが感じられた。

一年生のRちゃんは、担任にまつわり付いて離れない子である。少し気に入らないことがあると、自分の机を突き倒したり、ノートや教科書をばら撒いたり、掃除バケツの水を教室中に撒いて水浸しにしたりというようなことをして、授業の妨害をしていた。この子が十二月の体育の発表「足ぬきまわり」や二月の音楽発表「三まいのおふだ」では見事な演技を見せてくれた。体育のときでも、オペレッタのときでも、初めは仲間に入らなくてぶらぶらして歩いたり、体育館の隅っこに座っていたり、たまにはみんなの中に入って、むやみに走り回ったりしていた。しかし、学年全体の足ぬきまわりやオペレッタの表現がよくなってくると、Rちゃんも次第に熱心に取り組み始めた。それにつれて、教室での態度も、次第に落ち着いてきたのである。

その間に、教師も大きく変わっていく。足ぬきまわりの指導も、できない子がいて当然ではなく、何とか最後の一人までできさせたいという、ひたむきさが指導の中に出てきた。オペレッタの指導でも、硬い動きをしながら、叱ることの多かった教師が、最後は子どもたちの間を、とてもやわらかく動き回るようになっていった。

五　終わりに

Sさんがオルガンを弾いて、四年生の子どもたちに「うめの花ひらけ」を歌わせている。Sさんは、学年担任を決めるとき、オルガンが駄目だから低学年を持たせないでくれという条件を出した。そのSさんが変えられたのは、やはり、学校ぐるみの実践だったからではないだろうか。

二月の音楽朝会での発表を控えての出来事である。

頭はね跳びを発表した六年生からは「あっけなく感じた」という感想が出されている。

それだけ高い目標に向かって努力した緊張感が強かったということだろう。
組織された集団の実践は、教師も子どもも高みへ連れて行って解放する力を持っている。

『事実と創造』一五七号　教授学研究の会編　一莖書房　一九九四年六月発行　一八頁から二五頁

特集・子どもという存在をどう捉えるか
「子どもに寄り添う実践」

河村　大雄

一　子どもと教師の間

子どもと遊ぶ教師が少なくなったと言われて久しい。休み時間に校庭を見ても教師の姿はあまり見当たらない。みんな職員室にいて、一生懸命に日記帳に書き込みをしている。子どもを帰すまでに書き込みを終わっていなければならないので、休み時間を使ってせっせと書き込みをしているのである。

日記帳は、子どもに日記を書かせてそれを教師が読むことによって、その子の表面からは捉えきれない心の内を知ろうとしているのである。つまり、生徒指導のデータを日記帳から得ているのである。

日記帳を通さなければ子どもの心の内を捉えられない位置に教師はいるわけである。果たしてこれでいいのか。子どもとの直接的な接触を断って、子どもの書いたものを頼りにしてその子の内面に迫りうるものだろうか。どの子からも一般的な情報を得られる有効な手段かもしれないが、一方、文字化されることにより、子どもの息使いや体温や思いや願いのような具体的なものは抜け落ち、書かれざる生きた多くの情報は手に入らず逃してしまうことになりはしないか。

教師が日記帳に熱心になればなるほど、教師と子どもとの間には隙間ができて、そこには冷たい風が流れているような気がしてならない。その隙間は教師の方からつくっているものだが、教師自身は子どもの心深くに食い込んでいると錯覚しているところに問題の深さがある。

教師と子どもは、授業という共通の目標を持った活動のもとに結ばれている。その授業の中でこそ互いに心を通わせ合い理解し合うことが本来の姿である。充実した授業をつくることに力を注ぎ、どの子にも力をつける指導をし、その子のその子らしさを引き出すことに熱心であれば、その子の内なる願いや思いは伝わってくる。

また、休み時間の子どもたちは、緊張から解き放たれて、遊びの中で自由な行動を楽しんでいる。そこに教師が跳び込めば授業のときとは別の子どもの顔がのぞいていることに気付くであろう。

そのことを抜きにして、日記帳を抱え歩いても子どもの真の願いや思いや、どろどろした人間関係など教師には伝わってこない。

二 「歩き」の中の子ども

廊下を走る子がいる。教師はそれを見ると「走るな」と言う。その理由として、人にぶっつかり危険であるとか授業の邪魔になるとか、ガラスにぶっつかって割るとかを説明する。そして子どもを納得させ理解を得たとする。その上で「良い子のきまり」の一つになり、月目標や週目標になる。教師は月目標や週目標として掲げれば指導した気になり、形式を整えれば子どもの内面に変化が起こっているというような、楽天的な捉え方をして、あとは、守らないのは子どもが悪いということになる。

そこには、走り出したい子どもの論理は問題にはされない。走ることは悪いことという論理だけである。子どもの走りたいという心の衝動や、逃げる友達を追いかけたいという遊び心や、危険をあえて犯してみたいという冒険心などの子どもの心は問題にされない。

運動会の入場行進で横の列の四人がきちんと並んでいなければならない。顔をあげて手を大きく振って足がそろうように歩かなければならない。

指導する教師の頭の中に、このような「形」があって、それに向かって指導しようとする。子どもが本来持っている歩きたいという意欲や欲求、歩くことは楽しいことだとする子どもの喜ぶ姿のイメージは、教師の頭の中には全くない指導となる。その結果、子どもたちは入場行進の練習を、嫌がるようになる。それは、歩くことの喜びを感じないからであり、歩くことの意義を見い出せないからである。

歩行によって、子どもの中に何が形成されているのか。歩行によって子どもはどんなものを獲得していっているのか。教師としては何を得させたいのか。体育館へ行くとか図書館へ行くとかの目的が達せられればそれでいいのか。

子どもの歩行を見ていると、目的さえ自覚されていないことが多い。無意識に、前の人が歩くから自分も歩いているという歩きである。したがって、走らないでいいときに走ったり、止まらなければならないときに止まらないで、前の人にぶっつかったりする。目的が意識されていないから、自己抑制も働いていない状態であり、主体性を持って行動できていないのである。つまり、自立できていないのである。

歩行の指導の中で、子どもに身に付けさせたいことは、一人の人間としての自己確立させるということである。そのためには広い運動場の中に一人で立たせることも必要になる。広い場所に立つということ、そして、そこで自分の立ち方ができるということは、そこに自分の世界を持つことができ、その空間を支配する力を持つということである。子ども一人ひとりが互いに自分の立ち方ができ、自分の歩き方で歩くことができることによってそれぞれ子ども同士の間に対応が生まれ、それが互いに支え合う関係をつくる。そのような歩行にするには、前後の間隔を大きく取って歩かせるようにする必要がある。空間を広く取るというだけでも自立して歩く状況がつくられる。いつ歩き出せばいいのか、いつ止まればいいのか、どのくらいの間隔で歩けばいいのかなど自分の判断を迫られる。目的・意識的に歩くことによって、子どもの内に自立がつくられてくる。

歩行は表現である。歩きによって子どもの内面が培われていくと同時に、内面にあるものが、歩きに表出されてくる。この意味から、歩きの指導には、日常の授業の中で子どもの内に質の高いものを入れる仕事をして、豊かな内容を持たせておかなければならない。また集会活動などの内容を充実したものにして、そこに参加する子どもたちの期待をふくらませ、集会を終わって帰って行く子どもたちに充実感を持たせなければならない。

自分の歩きに自覚を持ち、自己抑制を加え、主体性を持って歩く。これは運動会の行進にも、廊下の歩行にも必要なことである。そして、身体表現としての歩きには美しさが、必要である。それは、形式的なものではなく内面的なものでなければならない。日常的などこにでも見られる歩きを、主体的なものにすることによって、その子のその子らしさが歩きによってつくられ、その子の持つしなやかさ、意志の強さ、追求力、表現力、自立心、責任感、協調性、自律心などが引き出され、歩きを喜び楽しむようになる。

三　授業の中の子ども

かって私の取り組んだ授業の記録を読み返してみると、その頃も、教材解釈をもっとも重要なものであると考えて、時間をかけて解釈をして授業に臨んでいるが、それとて、単に教材を解釈するに留まっていて、クラスの子どもの状況や、一人ひとりの子どもの実態にそったものとはなっていなかった。教材解釈を子どもについての理解に立ったものにまで深め得なかったのである。従って教材を解釈すればするほど、教師の独りよがりのもののとなり、授業は硬く息の詰まるようなものとなっていた。

子どもたちは、それでもとても素直に考え、素直に発言をしているのであるが、教師の方はその発言を生かして取り上げることができないで、逆に追い詰めるようなことを繰り返しているのであった。

これは、教師が子どもたちをどのように捉え、どのように見ているかということに関わっている。教材については深く解釈を持ち、課題の設定や発問の構成は万全にできたつもりになっていても、そこで、目の前の子どもの状況が正しく捉えられ、それが本物になっていなければ、授業は冷たいものになってしまう。

担任であるから自分のクラスの子どもについてはよく分かっているなどと考えているのが間違いのもとである。子どもについて、柔軟性を欠いた固定的な捉え方をして、自分のやってきた教材解釈ばかりを頼りに子どもたちに問いかけ、教師の望む答えを引き出すことに意を注ぎ、子どもを追い詰めてきた。

次の授業は、教師の、子どもを見る目が違う。温かい目で子どもを心から信頼し、子どもの力に大きく期待をかけながら問いかけていき、豊かな考えを引き出している。

室生犀星の『靴下』の授業の一部である。(授業者　野村　新先生　一九八二年三月)
T　おとうさんは、〈われひとりとどまり……。〉たった一人だったんだな。このお父さんは、どこに立っていたのかな。

C　庭。

T　それから、

C　ベランダ。

T　ベランダ。庭の見えるところじゃな。あるいは、庭に立つ。

C　玄関（つぶやき）

T　玄関かもしれない。とにかく庭にいたか、庭の見えるところにいた。このお父さんは、庭を見ていたんだろうか。

C　見ていた。（口々に）

T　見ていた。どっちか。見ていた。見ていなかった。見ていたと思う人、手を上げて。

（多数挙手）

C　見ていなかったと思う人。

T　（Y子とA子が挙手）

C　一人、二人。二人、見ていなかった。（2と板書）

T　見ていた。その他大勢。はい、見ていなかった方の人、ちょっと言ってください。二人、先生も応援します。先生も見ていなかった方。（他の子どもたち、ええっ。二人の子ども、にこっとしている。）はい、どうぞ。

A子　目は見ている感じはしたんだけど。
T　感じはしたんだけど……。
A子　心の中っていうのは、こう、心の中では子どもの顔が……。だから見ていなかった。
T　うん、うん。見ていなかった。あなたは。
Y子　私も子どもの焼かれるところとか、土に埋められるところとかが頭に浮かんで……。
T　浮かんできて、こうしとった（身振りをつけて）けど見ていなかった。さあ、見ていたと思う人、手を上げて。大変なことを言い出したぞ。見ていたけれども、心は子どものことだとか……、見ていて、見ていなかったと。二人。さあ、みんなどうか。はい。どうぞ。
C　このお父さんは、庭を見ていて、子どもが生きているとき、この庭でいっしょに遊んだから庭を……遊んだときのことを思い描いて見ていた。
T　ああ、そういう見方をしていたんじゃな。ただ見ていたんじゃない。子どものことを考えながら見ていた。
だから近い。この二人にやっぱり近い。
眺めるというのと、見るというのは違うな。眺めるというのは、どういうふうにする。
C　（つぶやくように）遠く。
T　遠いところを見るんだな。見るというのは。
C　近い。

この授業の中の子どもたちは、赤ん坊のように無邪気で、可愛い顔になっていた。授業が終わって給食の準備になったが、いつもの騒々しさはなくとても静かだった。顔がふくらんで、輝いていた。今なら、少しくらいいやなことでも、子どもたちは喜んでするのではないかというような顔をしていた。給食の準備もいつもと違って節度のあるやり方で、手順よくしていた。顔の表情も晴れやかであった。

授業によってこのようにも子どもが変わるものかと、信じられないような気持ちであった。授業者の野村先生をお送りするのも忘れて、子どもたちの顔を見つめていた。私の授業では、なかなか口を開こうとはしないような、Y子やA子や、IやWやSまでもが発言した。しかも、発言の内容は、思いもかけないようなすばらしいものであった。

私の授業との違いはやはり、子どもをどのように捉えているか。子どもについてどのように考えているかであった。この授業の場合は、教師が子どもを丸ごと受け入れていた。子どもを全面的に信頼し、子どもの出してくるものに期待をかけて進めていた。わずかなことでも、子どもの出してきたものの中に、大きな意味を見い出そうとしていた。子どもたちは、自分たちを信用し、受け入れて、大きく期待をかけてくれていることへ応えようと一生懸命に考えたのだ。

子どもの能力を限定して捉えるのは間違いであるということはよく知っている。しかし、そのことを授業の中で現実のものとすることは、なかなか難しいことである。それは、教師が、子どもの無限の可能性を本当に信じて取り組んでいるかということである。

私は、この授業を越える水準の授業を見たことがない。私はこの授業を目標にして実践を重ねてきた。しかし未だに到達できないでいる。

子どもを、これほどまでにひたむきにさせ、心を開かせ、考えを深くし、素直にさせてしまう力が授業にあることを知った喜びは、未だに身を振るわせるほどの感動として残っている。

以上が斎藤喜博教授学に学んで教育を実践し、選ばれて斎藤喜博先生が主宰する教授学研究の会編の「事実と創造」(一莖書房)に掲載された教育論文である。これらの論文発表によってさらに深い教育を実践することができた。教育実践の理論化と教育理論の実践化の往還的教育作用であると考える。

あとがき

～今越える一つのこと　今越える一つの山～

教師退職後も、大分教授学研究の会の会員として活動を続け、平成二十四年九月まで学んできた。その間、これまでの経験をふまえて、新人校長や教頭への指導助言を初め、幼稚園教諭や小学校教諭の日常実践の問題点などの相談に乗ってきたりした。また、電話での「こども教育相談」などのボランティア活動にも携わってきた。その中では、子どもの持つさまざまな問題に親子ともども悩んでいる姿を知り、本物の教育を追求してきた私にとっては、また新たに、自分のやってきたことを振り返って検証する場になった。

暇を見つけて、山林の下刈りなどに、妻とともに出かけたりした。静かな山の中に立っていると、雑念が払われるような気分になって、世間離れができたような空間を味わうことができた。妻は、農業などにはあまり携わることなどはなかったようなので、山林の草ぼうぼうの中に入ることなど嫌うのではないかと危惧していたが、大変積極的に喜んで、草刈などをしてくれた。特に、杉の木などの間に生えている雑木をのこぎりで切り倒すことが得意技で、見つけ次第に切り倒していった。

次々にきれいになっていく山を見ていると、すがすがしい気持ちになってくる。特に、まっすぐに空に向かって伸びている杉や檜の大木が、雑草を刈り取られて、根元からてっぺんまで見渡せるようになり、それを眺めるだけでも、下刈りの醍醐味が味わえた。

何よりもよかったのは、同じ仕事を妻と二人で力を合わせて、しかも、興味を共有して働くことができることであった。山へは弁当はもちろん、みかんやお餅などを持って行き、焚き火をしながら、餅を焼いて食べたりした。真冬の雪の残る山で、焚き火をどんど焼きみたいにして温まったりした。もちろん、苦労もあった。私たちが山へ入るまでは、手つかずの状態が続いていたので密林のように竹が沢山生えていて、どこから手をつけようかと迷うようなこともあった。少しずつ切り開いていくと何とかなるもので密林も倒され開かれていき、五十年以上も経つ大木の杉や檜が現れてくるのが楽しみで励んだ。

取り掛かりの頃は、どうなることかと思っていたが意外に楽しみながら仕事ができ、やっつけてしまったときは爽快な気分になった。村の人たちも、私たちが取り掛かったときは興味津津で見ていたらしいが、次々に切り開いていくのを見て見直したようであった。

退職後しばらくして家を新築し、そこに移り住んだ。家の本体だけは専門家の建築会社に頼んで建ててもらった。庭や垣根、塀などは全部、妻と二人の共同作業で造った。

庭は広かったので、畑にする所と庭にする所に二分し、中にあった石を全部拾い出して、庭の隅に積み重ねておいた。庭は道路沿いに一辺が三〇メートルもある広さであるので、ブロックで塀をつくったりしたのでは、経済的な負担が大きすぎてどうにもならないということで、拾い出した丸石と間伐材の丸太で塀と垣根を作ることにした。自然的な景観を庭に生かすには打ってつけの材料であった。広すぎる庭には全部、芝を植えた。それは、海外派遣で行ったニュージーランドの学校の校庭の芝の美しさをイメージして、新芽を一本ずつ苗植えした。「さあ伸びよ、根を張れ、庭一面に手を伸ばすのだ」梅雨の頃植えた芝は、瞬く間に広がった。

垣根は、庭の道路側に、下刈りをした山林から、檜の間伐材を二メートルの丸太切りしたものを持って帰り、道路沿いに三メートルおきに穴を掘って立てていった。後に、それに横板と縦板を張って垣根を作った。

庭の中から拾い上げた石は、皆美しい色をしているものが多かった。

妻は、石積みにする石を一つひとつ洗い始めた。私は洗うことによってセメントが着きやすくなって丈夫な石積みができるためであろうと考えていたが、妻の考えは違っていた。「一つひとつの石には、表情があり、個性があり主張を持っている」と言うのである。石は実におもしろい。一つとして同じものはない。上面、下面、左右、斜め、角度により表情が豊かである。その上、模様があり硬軟、角丸など材質も豊かであるという。

確かに、七瀬川から取ってきた石ばかりで、色彩豊かで、形は、角の削れた丸石が多かった。

その石を、一つずつ手に取って表情を見ながら、石の訴えを聞きながら、表にするか裏にするか横にするかなどを決めて積み重ねていく作業をするのである。教授学的ものの見方や考え方を学んできた者にとっては、興味の連続の中で、これまで関わってきた多くの子どもたちの顔と重ねて、どこに置くかも簡単には決められないこともあった。

「授業は子どもがみえることがすべて」とする斎藤喜博教授学そのもので、子ども一人ひとりのその子らしさを見抜き拡大して、子どもAをA'にし、子どもBをB'にして子どもAがBを支えてBを生かして自分を生きる授業の組織化を追求してきた者にとっては感心するばかりであった。

斎藤喜博先生が『開く』（明治図書）に連載した『人と自然と――わが庭の記』（一莖書房）と同じことをしている、自分の妻の姿と自分を改めて発見すると共に、タイムスリップして、子ども一人ひとりの固有な顔が・組織化された学級文化の様相が・教職員の姿態が甦ってくるのであった。

山林の下刈りのときも、天に向かってどこまでも高く伸びた杉の大木の訴えに、耳を傾け、子どもの限りない可能性を重ねて、いつまでも木々を眺めていた。

十年も放置した山は足の踏み場もないほど笹が茂り昼なのに暗かった。妻は「道をつくらなくちゃ」と、笹竹を切り道をつくった。その道は詰まった血管をきれいにし血液が流れ出すようだった。かずらを切り、雑木を払うと暗かった山林に太陽が差し込んだ。杉は風もないのにゆれ始め、妻はそれを見て「木が笑っている」と喜んだ。

現職のときから入っていた「大分第九を歌う会」に退職後も続けて加入し、二十年間にわたって年末ごとにベートーベンの第九を大合唱してきた。指揮者は、黒岩英臣、現田茂夫、高関健、山下一史、十束尚宏、小林研一郎、小泉ひろしなど、名指揮者ばかりであった。そして、特筆すべきは、あの名指揮で鳴らした日本人演奏家、小澤征爾さんもニューイヤーコンサートなどで活躍されたウイーンの楽友協会ゴールデンホールでも、会場満員の観客を前にして歌うことができた。ウイーン公演は一九九四年から五年ごとに四回行うことができた。なお、別府市にある「クールあおやま」という合唱団に七年間にわたって属し、合唱の楽しさも味わうことができた。

「教育」という、すばらしい仕事に四十年間も携わることができ、その間には、多くのすばらしい人々との出会いもあり、刺激を受け合うと同時に大いに助けられたことに感謝したい。退職後も、充実した生活を送ることができたことを喜びとしたい。

平成二十五年一月

河村　大雄

〈著者紹介〉
河村大雄（かわむら　だいゆう）
1933年　大分県直入郡下竹田村で生まれる
1952年　大分大学学芸学部二年課程入学　国文学者の松本義一教授に影響を受ける　児童心理学を心理学サークルで学ぶ
1954年　大分大学学芸学部終了　竹田市立岡本小学校教員として着任
この後、大分県下の長湯小学校・下竹田小学校・大津留小学校・戸次小学校・大道小学校・豊府小学校・稙田小学校・滝尾小学校の教諭
その間
1960年　斎藤喜博教授学に出会う
1974年　文部省主催教職員等中央研修に参加
1976年　文部省派遣教職員海外教育事情視察団に参加
1985年　大分第九を歌う会に入会
1988年　大分市立三佐小学校教頭
1990年　大分市立三佐小学校校長
1992年　大分市立横瀬小学校校長
1994年　教職を定年退職
1994年と2004年　大分第九を歌う会ウイーン公演に参加
1995年　ボランティア活動で、「電話によるこども教育相談」に参加
1998年　別府市の「クールあおやま」合唱団に入団

〈教育論文等〉
『事実と創造』（一莖書房）に掲載
「私の体育指導」（『事実と創造』8号）「「靴下」の授業に学ぶ」（『事実と創造』37号）「「やまなし」の授業」（『事実と創造』47号）「「おかあさんのせんたく」の授業」（『事実と創造』57号）「かけだし教頭奮闘記」（『事実と創造』87号）「私の学校づくり」（『事実と創造』137号）「子どもに寄り添う実践」（『事実と創造』157号）
野村新著『いのちに出会う授業の創造』（一莖書房、日本図書館協会選定図書、全国学校図書館協議会選定図書）の第六章　第二節『靴下』の授業について11箇所にコメント

現住所　〒870-1173　大分市大字横瀬517の2
電　話　097-541-5840

子どもと共に生きる――子どもに寄り添う実践――

2013年4月10日　初版第一刷発行

著　者　河　村　大　雄
発行者　斎　藤　草　子
発行所　一　莖　書　房
〒173-0001　東京都板橋区本町37-1
電話 03-3962-1354
FAX 03-3962-4310

組版／四月社　印刷・製本／日本ハイコム株式会社
ISBN978-4-87074-184-3　C3337